Günther Schleussner

Prachtfinken

57 Farbfotos
24 Zeichnungen

Heimtiere

Ulmer

Inhalt

Vorwort

Kennen Sie die Situation? Sie stehen im Vogelhaus eines zoologischen Gartens, in der Jahresausstellung des örtlichen Vogelvereins oder vielleicht auch vor der Verkaufsanlage einer gut geführten Zoofachhandlung und betrachten fasziniert das muntere Treiben einer bunten Schar kleiner Vögel. Gewiss, mit dem Gedanken an Vogelhaltung haben Sie sich schon des öfteren beschäftigt. Sittiche sind Ihnen aber zu laut, Papageien kommen wegen der zerstörerischen Kraft ihrer Schnäbel nicht in Frage und ein frei fliegender Beo in der Wohnung ist auch nicht Ihr Fall.

Aber diese Winzlinge mit ihren aparten Gefiederfarben, ihren unaufdringlichen Stimmchen und ihrem lebhaften Verhalten? Und dann diese Namen! Sie heißen Amadinen und Amaranten, Fasänchen und Elsterchen, Nonnen und Bronzemännchen – je länger Sie da stehen und überlegen, um so klarer wird Ihnen: Prachtfinken sollen es sein!

Zahllose Tierliebhaber sind dem Charme dieser Vogelzwerge schon erlegen und täglich gewinnen sie neue Freunde dazu. Bei mir selbst hat diese spontane Begeisterung sogar zu der Entscheidung geführt, mich beruflich mit Vögeln zu beschäftigen. Die Prachtfinken haben so einen nicht unwesentlichen Teil meines Lebens mitbestimmt.

Ganz so weit brauchen Sie es natürlich nicht kommen zu lassen. Als Neueinsteiger in Sachen Prachtfinkenhaltung wollen Sie zunächst einmal erreichen, dass Ihren Schützlingen ein möglichst gesundes und langes Leben beschieden ist. Das vorliegende Buch soll Ihnen dabei helfen. Es möchte ihren Einstieg in das Gebiet der Prachtfinkenliebhaberei begleiten und Ihnen eine praxisnahe Einführung in die Grundlagen der erfolgreichen Eingewöhnung, Haltung und Nachzucht von Prachtfinken geben. Erst in zweiter Linie hält es auch für die schon etwas erfahreneren Liebhaber unter den Lesern den einen oder anderen interessanten Hinweis bereit. Egal ob Sie absoluter Anfänger sind oder ob Sie die ersten (hoffentlich erfolgreichen) Schritte als Prachtfinkenhalter bereits hinter sich haben: Ich wünsche Ihnen viel Freude an Ihren Vögeln.

Dr. Günther Schleussner
Langenburg, im Frühjahr 2002

Linke Seite: Gouldamadine in ihrer ganzen Farbenpracht.

Was der Anfänger wissen sollte

Rechte Seite: Eine Reihe von asiatischen Prachtfinkenarten leben in Landschaften mit Reisterrassen und Bambushainen, wie hier auf Sulawesi.

Ohne Grundwissen geht es nicht! Dieser Satz gilt auch für künftige Prachtfinkenliebhaber. Sie finden in diesem Abschnitt deshalb die Antworten auf einige wichtige Fragen zur Biologie dieser Vögel, die es Ihnen leichter machen sollen, die Bedürfnisse Ihrer Pfleglinge zu erkennen und zu verstehen. Keine Angst, ein abgeschlossenes Studium der Ornithologie ist dazu nicht erforderlich.

Was sind Prachtfinken und woher kommen sie?

Als Prachtfinken bezeichnet man eine Gruppe (wissenschaftlich korrekt eine Familie) von kleinen bis sehr kleinen, zumeist Körner fressenden Singvögeln. Mit einem Gewicht von weniger als acht Gramm und einer Körperlänge von knapp neun Zentimetern gehören ihre kleinsten Vertreter zu den wirklichen Zwergen im Vogelreich.

Die nächsten Verwandten der Prachtfinken in der einheimischen Vogelwelt sind unser allbekannter Hausspatz und der inzwischen selten gewordene Feldsperling.

Ihren deutschen Namen tragen die Prachtfinken nur teilweise zu Recht. Zwar zeichnen sich die meisten Arten durch ein mehr oder weniger farbenprächtiges Gefieder aus. Männchen und Weibchen können dabei sowohl gleich, als auch unterschiedlich gefärbt sein. Mit unseren einheimischen Finkenvögeln, also mit Buchfink, Dompfaff, Stieglitz und Co., haben sie jedoch nichts zu tun. Zu ihren nächsten Verwandten gehören die in Afrika und Südostasien beheimateten Webervögel und die rein afrikanische Vogelgruppe der Witwen. Mit letzteren verbindet die Prachtfinken eine ganz besondere Beziehung, wie Sie in einem späteren Kapitel noch lesen werden. Ziemlich enge stammesgeschichtliche Verbindungen bestehen auch zur Familie der Sperlinge.

Der Ursprung der Prachtfinken liegt nach heutiger Auffassung in Afrika. Dafür sprechen die Tatsachen, dass sie dort die größte Artenvielfalt hervorgebracht haben und dass die meisten ihrer Verwandten ebenfalls dort zu Hause sind.

Einige Prachtfinken wie diese Spitzschwanzamadine sind Kulturfolger und finden sich auch auf für sie unnatürlichen Sitzgelegenheiten ein.

Von Afrika aus haben sie sich ostwärts über Süd- und Südostasien bis nach Australien und über die pazifische Inselwelt ausgebreitet. Speziell Australien erwies sich dabei als Land der schier unbegrenzten Möglichkeiten für die gefiederten Einwanderer. Dort fehlte nämlich die Konkurrenz anderer Körner fressender Singvögel. So gesehen war es nur logisch, dass auf dem fünften Kontinent ein zweites Entwicklungszentrum der Prachtfinken entstanden ist. In den Tropen der neuen Welt konnten die Prachtfinken dagegen niemals Fuß fassen.

Das Spektrum ihrer Lebensräume reicht von Wüsten- und Halbwüstengebieten bis hin zu immergrünen tropischen Regenwäldern. Entsprechend vielfältig sind ihre Anpassungen. Als Beispiel genannt sei an dieser Stelle nur das so genannte **Saugtrinken** der Prachtfinken der australischen Trockengebiete. Im Unterschied zu fast allen anderen Vögeln müssen sie beim Trinken nicht nach jedem Schluck den Kopf heben, sondern können die nötige Wassermenge in einem Zug aufnehmen. Dadurch können sie die Verweildauer an der Tränke (und damit das Risiko, dort einem Feind zum Opfer zu fallen) erheblich reduzieren. Nicht wenige Prachtfinkenarten haben es geschafft, sich in einer von Menschen geformten Umwelt zurecht zu finden. Sie sind zu echten Kulturfolgern geworden. Sie leben ständig in unmittelbarer Nähe der Menschen und ziehen inmitten von Siedlungen ihre Jungen auf, ganz wie unsere Hausspatzen. Schließlich sind einige Prachtfin-

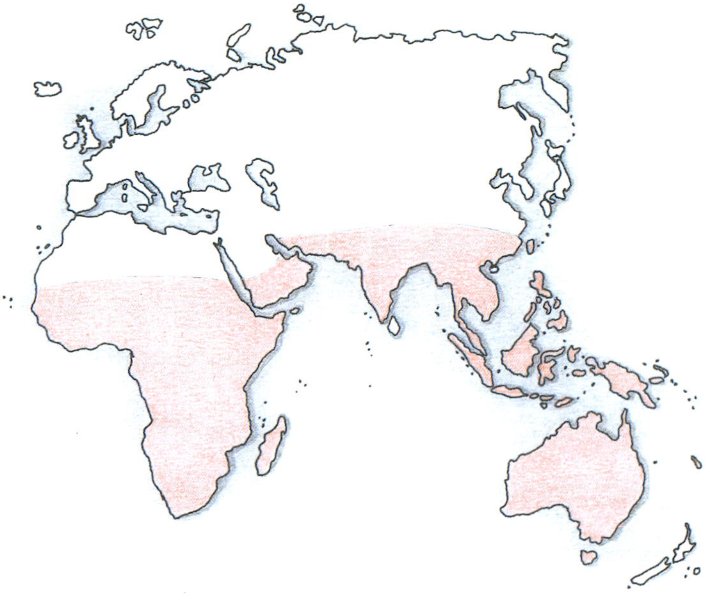

Die Prachtfinken besiedeln große Teile der drei Kontinente Afrika, Asien und Australien.

Oben links: Australische Wüste, oben rechts: afrikanische Dornbuschsavanne, unten links: südostasiatischer Regenwald – Prachtfinken sind überall zu Hause.

Innerhalb ihres Verbreitungsgebiets besiedeln die verschiedenen Prachtfinkenarten die unterschiedlichsten Lebensräume.

ken durch den Menschen in Teile der Welt gebracht worden, in denen sie natürlicherweise nie vorgekommen sind. Selbst im Süden von Europa, in Portugal, sind heute zwei Prachtfinkenarten als regelmäßige Brutvögel anzutreffen.

Wie leben sie in der Natur?

Prachtfinken sind, bis auf ganz wenige Ausnahmen, extrem gesellige und lebhafte Zeitgenossen. Zumindest außerhalb der Brutzeit leben sie in kleineren Verbänden, manchmal aber auch in größeren Schwärmen zusammen. Innerhalb dieser Verbände halten die einzelnen Vögel durch einfache Stimmfühlungslaute Kontakt zueinander. Soziale Gefiederpflege (der Ausdruck bezeichnet nichts anderes als gegenseitiges Kraulen) und das so genannte Kontaktsitzen (zwei oder mehrere Vögel rücken auf einem Zweig eng aneinander) dienen bei vielen Arten der Festigung der guten Beziehungen.

Prachtfinken sind sehr gesellige Vögel.

Aktivitäten wie Futtersuche, Trinken, Baden oder Ausruhen werden von allen Mitgliedern eines Schwarms gemeinsam erledigt. Die Abstimmung oder Synchronisation der einzelnen Verhaltensweisen erfolgt häufig ebenfalls durch bestimmte Lautäußerungen. Selbst während der Nacht wollen manche Prachtfinken die Nähe ihrer Artgenossen nicht missen. Sie nächtigen nicht irgendwo im Gezweig, sondern errichten zu diesem Zweck spezielle Schlafnester. In diesen können dann bis zu einem Dutzend oder mehr Vögel dem nächsten Morgen entgegenschlummern.

Am Anfang dieses Kapitels sind Ihnen die Prachtfinken als eine Gruppe Körner fressender Singvögel vorgestellt worden. Die meisten

Prachtfinken erledigen alles gemeinsam: Spitzschwanz- und Maskenamadinen an der Tränke.

Verhaltensweisen wie soziale Gefiederpflege und Kontaktsitzen dienen der Festigung der Paarbindung und dem Zusammenhalt des Schwarmes.

Prachtfinken jedoch sind eher Gemischtköstler, die zur Brutzeit auf tierische Nahrung wie kleine Spinnentiere, Insekten, Larven und Ähnliches umsteigen. Reine Insektenfresser unter den Prachtfinken sind aber auch die absolute Ausnahme. Gemäß der „ornithologischen Faustregel", dass Körnerfresser über kräftige, kegelförmige und Insektenfresser über schlanke, pinzettenartige Schnäbel verfügen, lassen sich anhand der Schnabelform gewisse Rückschlüsse auf die Ernährungsweise der jeweiligen Prachtfinkenart ziehen. Auch in diesem Punkt gilt jedoch: Keine Regel ohne Ausnahme(n)! Ergänzt wird der Speisezettel frei lebender Prachtfinken durch grüne Pflanzenteile, Knospen und Früchte. Wichtig sind schließlich auch Mineralien und Spurenelemente, die direkt vom Erdboden aufgenommen werden.

Ein wichtiges Verständigungsmittel in Prachtfinkenkreisen sind besondere Ausdrucksbewegungen wie rhythmisches Zucken mit beiden Flügeln, waagrechte oder senkrechte Schwanzbewegungen.

Wie pflanzen sich Prachtfinken fort?

Die Entscheidung über den günstigsten Zeitpunkt zur Fortpflanzung ist bei tropischen Vögeln wie den Prachtfinken von anderen Faktoren abhängig als bei den Vögeln unserer Breiten. Viele Arten leben in ausgesprochenen Trockengebieten. So ist es kein Wunder, dass dem Regen eine wichtige Funktion als Auslöser zukommt. Die Prachtfinken in den Savannen Afrikas und in den Trockenwäldern Süd- und Südostasiens können sich dabei darauf verlassen, dass die Regenfälle pünktlich zu einer bestimmten Zeit des Jahres einsetzen und sich mit Hilfe ihrer inneren Uhr im Vorfeld auf den Beginn ihrer Brutsaison einstellen. Im Inneren Australiens dagegen fallen die Niederschläge in völlig unregelmäßigen Abständen. Oft regnet es mehrmals kurz hintereinander, dann wieder jahrelang überhaupt nicht. Die hier lebenden Prachtfinken müssen folglich jederzeit bereit sein, sofort „loszulegen", um keine Gelegenheit zur Fortpflanzung zu verpassen. Es könnte ja für lange Zeit die letzte sein! Eine derartige Brutstrategie bezeichnet man als opportunistisch. Völlig anders stellt sich die Problematik für die Regenwaldbewohner unter den Prachtfinken dar. Ihr Lebensraum bietet konstant gute Bedingungen, so dass einem jahreszeitlich exakten Timing weniger Bedeutung zukommt. Wichtig ist hier vor allem die wechselseitige Abstimmung der Fortpflanzungsbereitschaft zwischen den Partnern eines Paares, die so genannte soziale Synchronisation.

Werben um den Partner

Die einzelnen Paare sondern sich immer mehr vom Schwarm ab und die Männchen lassen jetzt häufig ihren trillernden, schnurrenden und schleifenden Gesang hören. Selbst der überzeugteste Fan der Prachtfinken wird zugeben müssen, dass diese nicht unbedingt zu den begnadetsten Sangeskünstlern im Vogelreich gehören, jedenfalls nicht nach unseren Maßstäben. Macht ja auch nichts; schließlich ist die bescheidene Strophe nicht für das menschliche Ohr bestimmt, sondern ausschließlich für weibliche Artgenossen. Der Gesang der Prachtfinkenmännchen besitzt nämlich keinerlei Reviermarkierungsfunktion. Entsprechend moderat ist seine Lautstärke im Vergleich zu den Strophen der meisten anderen Singvögel, die von einer exponierten Warte aus ihre territorialen

> Im Gegensatz zu ihren nahen Verwandten, den Webervögeln, legen sich männliche Prachtfinken – wiederum mit einer einzigen Ausnahme – kein besonderes Brutkleid zu. Um so auffälliger ändert sich jedoch ihr Verhalten.

Während werbende Zebrafinkenmännchen auch ohne Nistsymbol ihr Ziel erreichen...

...halten die Männchen anderer Arten beim Balztanz einen Grashalm oder eine Feder im Schnabel.

Ansprüche in die Welt schmettern. Begleitet wird der Vortrag von einem eigenartigen Balztanz, der im Wesentlichen aus hüpfenden Auf- und Abwärtsbewegungen besteht. Häufig werden Kopf und Schwanz zum Weibchen hin gedreht und das Flankengefieder auf der der Partnerin zugewandten Seite gesträubt und präsentiert. Als eindeutiges Zeichen ihrer seriösen Absichten tragen die Männchen fast aller afrikanischer und einiger australischer Arten zusätzlich einen Grashalm oder eine Feder als Nistsymbol im Schnabel. Zeigt sich ein Weibchen von der Vorstellung beeindruckt, dreht es zunächst ebenfalls Kopf und Schwanz in Richtung auf den balzenden Partner hin. Schließlich fordert es ihn durch Niederdukken und senkrechtes Vibrieren mit dem Schwanz zur Begattung auf.

Nestbau und Eiablage

Anschließend wählen Männchen und Weibchen gemeinsam einen geeigneten Neststandort aus. Je nach Lebensweise der betreffenden Art kann dieser direkt auf dem Erdboden, im niedrigen Gebüsch, im Schilf oder auch hoch in den Bäumen liegen. Auffällig ist, dass viele Prachtfinken mit Vorliebe in unmittelbarer Nähe von Greifvogelhorsten oder aber auch von Wespennestern bauen. Sollten Sie sich jetzt

Schmetterlingsfinkennest in den Zweigen einer Schirmakazie.

fragen warum, versuchen Sie doch einfach einmal, ein solches Prachtfinkennest näher zu inspizieren . . .

Beide Partner sind auch am Bau des Brutnestes beteiligt. Aufgabe des Männchens ist es, die einzelnen Bestandteile des Nestes aus der Umgebung herbeizutragen. Das Weibchen bleibt am Nest und verbaut das herbeigeschaffte Material. Ein fertiges Prachtfinkennest ist kugel- oder birnenförmig, vollständig überdacht und besitzt ein seitliches Einschlupfloch mit – je nach Art – überhaupt nicht vorhandener, nur angedeuteter oder auch langer, vorgebauter Einschlupfröhre. Einige Prachtfinkenarten machen sich die Sache besonders leicht, indem sie verlassene Nester anderer Vögel, vor allem von Webervögeln, ausfindig machen. Sie brauchen dann nur noch einfache Renovierungs- und Innenausbauarbeiten leisten. Wenige Tage nachdem das Nest fertig ist, beginnt das Weibchen mit der Ablage der vier bis sechs Eier. Abweichungen von dieser Gelegegröße sind möglich. Im Inneren des geschlossenen Kugelnestes ist es ziemlich dunkel, so dass eine tarnfarbige Fleckenzeichnung der Eischale nicht nötig ist.

Alle Prachtfinkeneier sind rein weiß.

Brut und Aufzucht der Jungen

Bebrütet wird das Gelege vom dritten oder vierten Ei an. Männchen und Weibchen lösen einander in Abständen von etwa eineinhalb Stunden ab. Oft bringt das Männchen zur Brutablösung ein Geschenk in Form eines Halms oder einer kleinen Feder mit, welches sofort verbaut wird. Unter Laborbedingungen entwickeln sich Prachtfinkeneier in nur wenig mehr als elf Tagen, in der Praxis dauert es mit etwa vierzehn Tagen aber stets etwas länger. Frisch geschlüpfte Prachtfinken sind anfangs hell fleischfarben, dunkeln jedoch schon in den allerersten Lebenstagen deutlich nach. Sie tragen ein Kleid aus gräulichen oder weißen Daunen oder sind vollkommen nackt. Das Grundmuster im Rachen der Jungvögel besteht aus fünf Punkten links und rechts der Zungenbasis und einem halbmondförmigen Bogen auf der Innenseite des Unterschnabels. Dieses Schema wird bei den einzelnen Arten in vielfältiger Weise abgewandelt. Damit noch nicht genug: Zusätzlich besitzen die Jungvögel mancher Prachtfinken verschiedenfarbige, warzenartige Gebilde und Verdickungen in der Nähe der Schnabelwinkel. In einzelnen Fällen haben sich diese zu regelrechten

Die Jungvögel der verschiedenen Prachtfinkenarten haben sehr unterschiedliche, markante Rachenzeichnungen. Die Papillen in den Schnabelwinkeln der Gouldamadine sind leuchtend blau/weiß!

Bemerkenswertestes Charakteristikum junger Prachtfinken ist die dunkle Punkt- und Linienzeichnung ihres Sperrrachens, die unter den Vögeln einzigartig ist.

Für seine Eltern unwiderstehlich: die Rachenzeichnung eines jungen Rotbrustsamenknackers.

Bettelstellung und Futterübergabe bei Prachtfinken muten manchmal ziemlich umständlich an.

Leuchtorganen weiterentwickelt, die das einfallende Licht reflektieren. Einzigartig ist auch das Bettelverhalten. Die Nestlinge strecken nur ganz am Anfang den Kopf und Hals schräg nach oben. Schon ab einem Alter von etwa einer Woche wird der Kopf seitlich gehalten, der ganze Körper flach auf den Boden gedrückt und der Schnabel den Altvögeln entgegen gedreht. Diese würgen den Nahrungsbrei portionsweise aus dem Kropf nach oben und schieben ihn direkt in den Rachen der Jungvögel.

Die Nesthygiene der Prachtfinken verdient lediglich die Note „mangelhaft". Im Gegensatz zu vielen anderen Vögeln tragen die Eltern den Kot der Nestlinge weder fort, noch fressen sie ihn. Nester, in denen eine Brut erfolgreich aufgezogen worden ist, sind innen deshalb stets von einer dicken Kruste aus getrocknetem Kot überzogen. Irgendwie schaffen es die jungen Prachtfinken trotzdem „wie aus dem Ei gepellt" auszufliegen.

Weitere Entwicklung der Jungvögel

Junge Prachtfinken verlassen im Alter von ziemlich genau drei Wochen zum ersten Mal das Brutnest. Das Ausfliegen ist aber eher ein allmählicher Prozess als ein definiertes Ereignis, da sie in den ersten Tagen immer wieder stundenweise ins Nest zurückkehren. Schon wenige Tage später versuchen die jungen Prachtfinken, selbstständig Nahrung aufzunehmen. Nach etwa zwei weiteren Wochen sind sie dann unabhängig von ihren Eltern. Nach etwa zwei Monaten beginnen Schnabel und Beine ihre endgültige Färbung anzunehmen.

Im Alter von acht bis zwölf Wochen mausern die Jungvögel vom häufig einfarbigen Jugendkleid in das farbige Erwachsenengefieder.

Junge Prachtfinken sind ausgesprochene Schnellentwickler. Auch wenn oft mehr als ein halbes Jahr vergeht, bevor sie selbst an die Gründung einer Familie denken, sind die Weibchen einiger Arten in der Lage, schon im Alter von weniger als drei Monaten entwicklungsfähige Eier zu legen.

Der Brutparasitismus der Witwen

Wenn irgendwo in den Savannen Afrikas Prachtfinken ihr Gelege bebrüten oder Nahrung für ein ganzes Nest voller hungriger Jungvögel herbeischaffen, können sie nie sicher sein, dass ihre Anstrengungen ausschließlich dem eigenen Nachwuchs zu Gute kommen. Es gibt nämlich eine Vogelfamilie, die Witwen, die sich darauf spezialisiert haben, ihre Eier in die Nester von Prachtfinken zu legen und ihre

Jungen von diesen ausbrüten und aufziehen zu lassen. Man bezeichnet dieses Verhalten als Brutschmarotzertum oder Brutparasitismus.

Wie das allseits bekannte Beispiel unseres Kuckucks zeigt, sind Brutparasiten nicht zimperlich. Direkt nach dem Schlupf beginnt der Jungkuckuck, die noch im Nest liegenden Eier oder seine bereits geschlüpften Stiefgeschwister über den Nestrand in den sicheren Tod zu befördern. Eine derartig radikale Methode hat einen entscheidenden Nachteil: Wird ein zu hoher Anteil an Nestern parasitiert, wachsen nur wenige Wirtsvogeljunge heran, die für die nächste Generation Jungkuckucke als Zieheltern zur Verfügung stehen. Die Witwen haben einen eleganten Ausweg aus diesem Dilemma gefunden. Ihr Nachwuchs wächst nämlich zusammen mit den Nachkommen der Wirtsvögel auf! Um dies zu erreichen, sind die Jungen der einzelnen Witwenarten zu perfekten Kopien der jeweils parasitierten Prachtfinkenart „umfunktioniert“ worden. Der Schwindel fliegt erst mit Einsetzen der Jugendmauser auf. Zu diesem Zeitpunkt sind die jungen Witwen aber längst nicht mehr auf die Fürsorge ihrer Stiefeltern angewiesen.

Der **Brutparasitismus** wurde innerhalb der Vögel wenigstens fünf Mal unabhängig voneinander „erfunden“. Fast allen Formen gemeinsam ist, dass dem Nachwuchs der Brutschmarotzer das Überleben im fremden Nest durch planmäßiges Ausschalten der Wirtsvogeljungen erleichtert werden soll.

Graue Reisfinken.

Prachtfinken kommen ins Haus

Sie haben im vorhergehenden Abschnitt Einiges über Herkunft, Lebensweise und Verhalten der Prachtfinken erfahren. Vieles davon wird Ihnen diese Vogelzwerge noch sympathischer machen. Also dann nichts wie los und die Vögel besorgen ...... Einen Moment noch! Bevor Sie in Ihrer Begeisterung wesentliche Dinge übersehen, sollten Sie Ihre Entscheidung ganz ohne Emotionen ein weiteres Mal überdenken.

Rechte Seite: Nicht nur die Farben ihres Gefieders können schlichtweg atemberaubend sein, auch das Verhalten der Prachtfinken ist alles andere als langweilig.

Überlegungen zuvor

Der folgende Fragenkatalog (der im Übrigen keinerlei Anspruch auf Vollständigkeit erhebt) und die darauf gegebenen Antworten sollen Ihnen als Orientierungshilfe dienen. Die Reihenfolge der angesprochenen Punkte ist zufällig gewählt. Welche davon in Ihrer speziellen Situation höhere Priorität besitzen und welche weniger oder gar nicht relevant sind, müssen Sie selbst entscheiden.

Das Allerwichtigste vorab

Prachtfinken in Ihr Heim zu holen ist ein Vorhaben, welches nicht nur Sie persönlich, sondern auch alle übrigen Familienmitglieder betreffen wird. Es sollte daher mehr als ein Gebot der Fairness sein, von Anfang an alle Beteiligten in die Diskussion einzubeziehen und ihre Argumente ernst zu nehmen.

Wie viel Platz und wie viel Geld?

Prachtfinken sind kleine Vögel mit eher bescheidenen Ansprüchen an ihre Unterbringung. Trotzdem benötigen eine kleinere Zimmervoliere oder ein Flugkäfig ebenso viel Platz wie ein Bücherregal.

Der Anschaffungspreis für die Vögel und die laufenden Kosten für Fütterung und Pflege fallen kaum ins Gewicht. Der Kauf eines geeigneten Prachtfinkenheims einschließlich Zubehör kostet Sie dagegen unter Umständen einige hundert Euro. Sollten Sie über entsprechende handwerkliche Fähigkeiten verfügen, lassen sich die Investitionen auf die reinen Materialkosten beschränken. Kalkulieren Sie von Anfang an auch ein, dass viele Prachtfinken bei guter Haltung bereitwillig zur Fortpflanzung schreiten, so dass Sie zumindest zeitweise eine weitere Unterbringungsmöglichkeit bereit stellen müssen.

Prachtfinken und Ihr Lebensstil

Vögel sind Gewohnheitstiere und Prachtfinken bilden in diesem Punkt keine Ausnahme. Wichtig für ihr Wohlbefinden ist ein geregelter Tagesablauf. Schlafen Sie am Wochenende gerne aus oder sitzen Sie gelegentlich bis weit nach Mitternacht vor dem Fernseher? In diesen Fällen muss sichergestellt sein, dass der Raum, in dem Ihre Prachtfinken leben, von dererlei Aktivitäten ausgenommen bleibt und den Vögeln ein regelmäßiger Tag-/Nacht-Rhythmus geboten wird. Auch fallen eine ganze Reihe von täglichen, wöchentlichen oder auch unregelmäßigen Arbeiten an, die nicht aufgeschoben werden können. Es muss sichergestellt sein, dass eine Person diese Aufgaben Tag für Tag zuverlässig übernehmen kann.

Ein Risiko für die Gesundheit?

Sie finden Prachtfinken unter anderem wegen ihres lebhaften Wesens attraktiv und gehören damit nicht zu den Zeitgenossen, die bereits das Hin- und Herhüpfen oder das Herumflattern eines Kleinvogels nervös macht. Trotzdem sollten Sie sich darüber im Klaren sein, dass durch die von den Vögeln verursachten Luftbewegungen kleine Federchen, Samenhülsen, Sandkörner und Gefiederstaub aufgewirbelt und in der näheren Umgebung des Käfigs oder der Voliere verteilt werden.

Wie bei jeglicher Form von Heimtierhaltung sollte die Einhaltung elementarer hygienischer Grundsätze auch für Prachtfinkenliebhaber oberstes Gebot sein. Unter solchen Vorzeichen ist die Gefahr, sich von den Vögeln irgendwelche Zoonosen (der Begriff bezeichnet alle von Tieren auf den Menschen übertragbaren Krankheiten) „einzufangen", äußerst gering. Sollte in Ihrer Familie jemand Allergiker sein, wären entsprechende Tests im Vorfeld sicher keine schlechte Idee. Sie ersparen dem Betroffenen dadurch unnötige Belastungen und verhindern die Anschaffung von Tieren, von denen Sie sich wieder trennen müssten.

Hinweis

Federpartikel oder Gefiederstaub von Vögeln können als Allergene (Verursacher einer allergischen Reaktion) wirken. Denken Sie daran, falls Sie Allergiker in der Familie haben.

Prachtfinken und Kinder

Ja und nein! Prachtfinken gewöhnen sich zwar ohne Weiteres an die Gegenwart von Menschen, werden aber praktisch nie so zahm wie ein

Papagei oder ein Wellensittich. Kleinere Kinder reagieren meist enttäuscht auf vergebliche Annäherungsversuche und verlieren bald das Interesse an den neuen Hausgenossen.

Gerade die domestizierten Arten jedoch spulen bereitwillig ihr gesamtes Verhaltensrepertoire vor den Augen eines menschlichen Betrachters ab und gewähren intime Einblicke in ihr Familienleben. Eine gemeinsame Beobachtungsstunde (Stunde braucht dabei nicht wörtlich genommen zu werden) vor der Voliere vermittelt Ihren schon etwas älteren Sprösslingen wahrscheinlich mehr Verständnis für biologische Vorgänge als eine Tierreportage im Fernsehen. Und spannender als der Biologieunterricht in der Schule ist sie allemal!

Mit anderen Haustieren?

Vielleicht gibt es in Ihrem Haushalt gefiederte oder vierbeinige Mitbewohner mit älteren Rechten. Andere Vögel werden aus verschiedenen Gründen eigene Käfige und Volieren bewohnen müssen und schon deshalb den notwendigen Abstand einhalten. Ähnliches gilt für Zwergkaninchen, Meerschweinchen, Rennmäuse und andere Kleintiere. Ihr Hund ist sicher so gut erzogen, dass Sie ihm klar machen können, die Vögel in Ruhe zu lassen. Die meisten Hunde zeigen nach einiger Zeit ohnehin kein Interesse an Kleinvögeln mehr. Schwierig wird die Angelegenheit eigentlich nur, wenn Sie Ihre Wohnung mit einer oder mehreren Katzen teilen. Die lebhaften Bewegungen der Prachtfinken wecken die wohl in jedem Stubentiger schlummernden Jagdinstinkte. Zumindest wenn keine Aufsichtsperson anwesend ist, empfiehlt sich eine konsequente räumliche Trennung von Katze und Prachtfinken.

Gute Vorbereitung ist wichtig

Haben sich alle Familienmitglieder einstimmig für Prachtfinken als neue Heimtiere ausgesprochen, können Sie endlich mit den konkreten Vorbereitungen für deren Einzug beginnen.

Auch wenn Sie vorhaben, Ihre Prachtfinken in einer geräumigen Voliere zu halten, ist die Anschaffung eines extra Käfigs eine sinnvolle Investition. Sie können darin nicht nur alle Neuzugänge eingewöhnen. Vielleicht müssen Sie einmal unverträgliche Vögel aus der Gemeinschaftsvoliere entfernen, kranke Tiere separieren oder selbstständig gewordene Jungvögel von ihren Eltern trennen.

Die Einrichtung eines Eingewöhnungskäfigs darf einfach sein und sich auf Sitzäste sowie Futter- und Wassergefäße beschränken. Für letzteren Zweck eignen sich flache, glasierte Blumentopfuntersetzer aus Ton besonders gut. Als Bodenbelag ist Zeitungspapier keine schlechte Wahl. Es lässt sich gut auswechseln und Sie können darauf leicht den Kot der Vögel finden und überprüfen. Das Futterangebot kann und soll sich für die meisten Arten in den ersten Tagen auf eine trockene Körnermischung und Kolbenhirse beschränken. Beides ist leicht verdaulich und belastet den Verdauungsapparat der Neuankömmlinge nicht sehr. Sinnvoll ist schließlich auch die Anschaffung eines 150 oder 250 Watt Infrarotstrahlers. In Fällen etwaiger Eingewöhnungsschwierigkeiten kann er als zusätzliche Wärmequelle eine wichtige Hilfe sein.

TIPP

Am besten geeignet als erste Unterkunft für die Neuankömmlinge ist ein nicht zu kleiner, so genannter Kistenkäfig (siehe Seite 28).

Transport und Umgebungswechsel werden von Prachtfinken meist gut verkraftet, wenn Sie dabei sorgfältig vorgehen. Trotzdem sollten Sie die Vögel in den ersten Tagen nach ihrem Einzug gut unter Kontrolle halten. Legen Sie den Ankunftstermin auf ein Wochenende oder in einen Kurzurlaub. Sie können so eventuelle Umstellungsprobleme sofort erkennen und entsprechende Maßnahmen ergreifen.

Wo kauft man Prachtfinken?

Bücher kauft man in der Buchhandlung, Lebensmittel im Supermarkt und Vögel eben im **Zoogeschäft** oder in der Zooabteilung eines Einkaufszentrums oder Gartencenters. Dagegen ist nichts einzuwenden, falls der Geschäftsinhaber und/oder das Verkaufspersonal über die notwendigen Kenntnisse verfügen. Schauen Sie sich genau um. Machen die zum Verkauf angebotenen Vögel einen guten Eindruck und sind die Verkaufsanlagen sauber und nicht zu stark besetzt? Fällt Ihr Urteil positiv aus, haben Sie meist die Qual der Wahl unter den vielen angebotenen Vögeln. Darüber hinaus bietet ein gut geführtes Fachgeschäft gleichzeitig ein umfangreiches Sortiment an Futtermitteln und sinnvollem Zubehör an. Nicht zuletzt wird ein seriöser Zoofachhändler oder Fachverkäufer stets als Ansprechpartner für alle Fragen zur Verfügung stehen. Ein Nachteil beim Kauf im Fachhandel ist, dass Sie meist keinerlei Informationen über die Vorgeschichte und das Alter der angebotenen Vögel bekommen. Hierin liegt das große Plus des Erwerbs direkt bei einem **Züchter**. Ein ernsthafter Liebhaber wird meist nur wenige Nachzuchttiere anbieten können. Er

Hinweis

Die Sachkunde einer jeden Person, die Tiere zum Verkauf anbietet, wird durch das derzeit geltende Tierschutzgesetz ausdrücklich gefordert. Für die Überwachung und Einhaltung dieser Regelung sind die Veterinärämter zuständig.

Einen Prachtfinken, der so gesund und fit aussieht wie diese Gouldamadine, können sie getrost erwerben.

kann dafür aber genaue Angaben zur bisherigen Haltung und zum Geburtsdatum der Vögel machen. Grundsätzlich ist zu empfehlen, die Vögel direkt beim Verkäufer abzuholen.

Ein Kauf auf einer so genannten **Vogelbörse** oder auf einem **Kleintiermarkt** ist immer mit einem Risiko verbunden. Durch den Kontakt mit vielen anderen Vögeln unterschiedlichster Herkunft lässt sich eine Übertragung von ansteckenden Erkrankungen nie ganz ausschließen. Schließlich gibt es noch die Möglichkeit, Prachtfinken aus **„zweiter Hand"** zu erwerben. Nicht alle Vogelfreunde starten so gut vorbereitet wie Sie in das Abenteuer Prachtfinkenhaltung. Regionale Anzeigenblätter und die Wochenendausgaben der Tageszeitungen sind voll von Inseraten, in denen Vögel „umständehalber" abzugeben sind, sämtliches Zubehör inklusive. Finden Sie ein passendes Angebot in Ihrer Nähe, kann es sich durchaus lohnen, genauer nachzufragen.

Lässt man sich die Vögel über ein Transportunternehmen zuschicken, so erfordert dies viel Vertrauen zwischen Absender und Empfänger. Immer mehr Liebhaber lehnen es daher grundsätzlich ab, ihre Tiere zu verschicken.

Auswahl der Vögel

Ganz egal wo Sie Ihre Prachtfinken erwerben, Sie wollen nach dem Kauf auf jeden Fall einwandfreie und gesunde Vögel ihr Eigen nennen. Ein gesunder Prachtfink ist **lebhaft** und fast stets in Bewegung, trägt sein **Gefieder glatt anliegend** und hat **klare, geöffnete Augen**. Er kann sich im Schwarm gegenüber Artgenossen durchsetzen ohne aggressiv zu sein. Körnernahrung wird zielsicher aufgepickt, mit wenigen Schnabelbewegungen von den Hülsen befreit und abgeschluckt. Vögel, die nicht ganz in Ordnung sind, zeigen oft ein leicht **gesträubtes Gefieder**, hängende Flügel und halten die **Augen** teilweise oder ganz **geschlossen**. Sie schlafen häufig und suchen dazu die Nähe anderer

Der Ernährungszustand ist ein wichtiges Kriterium bei der Beurteilung der Gesundheit des Vogels. Beim Vogel links tritt der Brustbeinkamm scharf hervor, er ist zu mager. Der rechte Vogel ist zu fett, das Brustbein verschwindet fast zwischen der Brustmuskulatur.

TIPP

Wie es um den **Gesundheitszustand** eines Kleinvogels bestellt ist, erkennt man gerade als Anfänger leichter an dessen **Verhalten** als an bestimmten körperlichen Merkmalen. Lassen Sie sich bei Ihrer Auswahl also Zeit und beobachten Sie in aller Ruhe.

Vögel, ohne von diesen dazu aufgefordert worden zu sein. Ihre **Atmung** ist schwer und nach dem Absetzen von Kot zeigen sie manchmal charakteristische wippende Bewegungen. Die Nahrungsaufnahme schließlich erfolgt umständlich und unentschlossen. Die Tiere sitzen oft lange Zeit im Futternapf und nibbeln auf einzelnen Körnern herum, ohne sie zu enthülsen und tatsächlich zu fressen.

Scheint alles in Ordnung, versuchen Sie sich das Tier anhand individueller Merkmale (kleine Lücken im Gefieder, farbige Ringe etc.) einzuprägen. Bitten Sie erst dann den Verkäufer, Ihnen genau diesen Vogel heraus zu fangen. Jetzt kann Stufe zwei des Gesundheitschecks erfolgen:

Der Verkäufer oder Sie selbst halten den Vogel in der Hand und Sie prüfen zunächst, ob alle vier Zehen einschließlich Krallen vorhanden sind. Dann versichern Sie sich, dass Nasenlöcher und Augen frei von Ausfluss oder Krustenbildungen sind. Achten Sie auf Atemgeräusche. Zuletzt drehen Sie den Vogel mit dem Bauch nach oben und blasen vorsichtig das Brust- und Bauchgefieder auseinander, um den Ernährungszustand zu überprüfen und etwaige Organveränderungen zu erkennen.

Die Brust eines gut ernährten Prachtfinken ist dunkelrot und fleischig. Das Brustbein in der Mitte sollte gut erkennbar sein, darf aber keinesfalls scharf hervortreten. Bei einem zu fetten Vogel zeichnet es sich als tiefer liegende Längsrinne zwischen den beiden Brusthälften ab. Die Bauchregion sollte gegenüber der Brust deutlich zurücktreten.

Lassen Sie sich den Vogel erst einpacken, wenn alles ohne Auffälligkeiten zu sein scheint. Dann können Sie sich der Auswahl des nächsten Kandidaten zuwenden.

Transport und die ersten Tage im neuen Heim

Haben Sie Ihre Vögel in einem Zoofachgeschäft erworben, werden Sie sie meist in einer kleinen Pappschachtel überreicht bekommen. Diese Art der Verpackung ist für eine Transportdauer von maximal einigen Stunden auch gut geeignet. Dauert der Umzug ins neue Heim länger als etwa einen halben Tag, empfiehlt sich die Verwendung einer speziellen Kleinvogeltransportkiste aus Holz. Ein solcher Behälter ist flach, besitzt an der Frontseite eine abgeschrägte, vergitterte Öffnung und ist mit Sitzgelegenheiten sowie Futter- und Wassernäpfen ausgestattet. Die geringe Höhe verhindert, dass die Vögel zu sehr herumflattern und sich dabei verletzten.

Achtung

Absolut ungeeignet für den Transport von Prachtfinken ist ein allseits offener Drahtkäfig, in dem sie Umwelteinflüssen ungeschützt ausgesetzt sind.

Zu Hause angekommen, sollten Sie Ihre neuen Hausgenossen unverzüglich, aber ohne Hektik, in den vollständig vorbereiteten Eingewöhnungskäfig entlassen. Vermeiden Sie es, kurz nach dem Einsetzen der Tiere nochmals im Käfig oder in seiner Umgebung zu hantieren. Versuchen Sie auch, die verständliche Neugier und Begeisterung der übrigen Familienmitglieder in geregelte Bahnen zu lenken. Beobachten Sie die Vögel gerade in den ersten Tagen regelmäßig, aber aus größerer Distanz, um Abweichungen vom normalen Verhalten sofort zu erkennen. Verläuft alles planmäßig, können Sie sie nach etwa zwei Wochen Eingewöhnungszeit in ihr endgültiges Heim umquartieren.

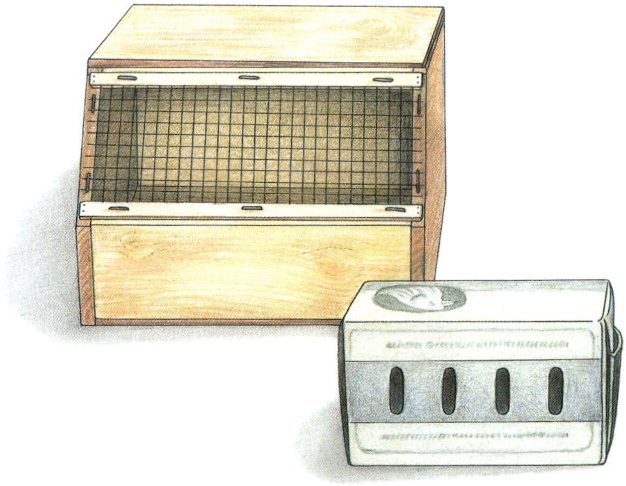

Für kurze Transporte genügt eine Faltschachtel aus Pappe, bequemer und sicherer reisen Prachtfinken aber in einer speziellen Kleinvogeltransportkiste aus Holz.

Richtig untergebracht

Rechte Seite: Erst durch die richtige Einrichtung wird ein Käfig oder eine Voliere zu einem wirklichen Heim für Prachtfinken.

Große Vögel – großer Käfig, kleine Vögel – kleiner Käfig. Nach allem, was Sie bisher über die Prachtfinken erfahren haben, ahnen Sie schon, dass eine Auswahl Ihres Prachtfinkenheims nach dieser einfachen Formel nicht richtig wäre. In der Tat wäre es ein verhängnisvoller Fehler, Prachtfinken in einem der leider immer noch handelsüblichen, winzigen Wellensittichkäfige zu halten.

Käfig und Vitrine – die kleine Lösung

Nehmen wir mal an, Sie haben in Ihrer Wohnung wenig Platz und wollen deshalb nur ein Paar Prachtfinken in einem Käfig halten. Wie groß muss dieser mindestens sein? Eine konkrete Antwort auf diese Frage gibt Ihnen das seit Mitte 1996 in der Bundesrepublik geltende „Gutachten über die Mindestanforderungen an die Haltung von Kleinvögeln". In diesem im Auftrag des Bundesministeriums für Ernährung, Landwirtschaft und Forsten von verschiedenen Fachleuten verfassten Dokument wird für kleine Prachtfinkenarten eine Käfiggröße von 80 × 40 × 40 cm, für größere eine Unterbringungsmöglichkeit von 120 × 50 × 50 cm gefordert. Diese Forderungen sind vernünftig, erlauben sie doch den Vögeln, wenigstens einige Flügelschläge auszuführen. Es sei aber ausdrücklich wiederholt, dass es sich bei den angegebenen Maßen um Mindestabmessungen handelt, die keinesfalls unter-, gerne aber überschritten werden dürfen.

Hinweis

Die Bewohner eines hohen, jedoch nicht hochschrankartigen Käfigs können nicht nur horizontal, sondern auch senkrecht oder zumindest schräg nach oben und unten fliegen. Dies ist für alle Vögel recht anstrengend und wirkt sich ungemein positiv auf ihre körperliche Fitness aus.

Das Gutachten weist auch darauf hin, dass gegenüber quadratischen oder runden Formen ein rechteckiger Käfiggrundriss eindeutig vorzuziehen ist. Die Vögel haben unter diesen Voraussetzungen weniger Probleme mit der räumlichen Orientierung. Nichts einzuwenden gibt es gegen höhere Käfigmaße, so lange das Verhältnis von Länge zu Höhe nicht zu ungünstig wird und daraus eine hochschrankartige Form resultiert.

Kleinvögel wie Prachtfinken haben eine Menge natürlicher Feinde. Ihrem hohen Sicherheitsbedürfnis kommt deswegen ein so genannter

Kistenkäfig am besten entgegen. Dieser Käfigtyp ist nur an der Vorderseite vergittert und besitzt ansonsten geschlossene Wände aus Holz, Kunststoff oder irgendeinem anderen Material. Zu den vielen Vorteilen eines Kistenkäfigs zählt, dass seine Insassen weitgehend vor Zugluft geschützt sind und dass sich durch seine geschlossene Bauart die Verschmutzung der Umgebung in Grenzen hält. Sein einziger Nachteil ist, dass das Käfiginnere bei ungünstigem Lichteinfall relativ dunkel sein kann. Eine früher häufiger benutzte, in letzter Zeit aber aus der Mode gekommene Variante des Kistenkäfigs ist die **Vogelvitrine**. Bei ihr ist die vergitterte Frontseite durch eine in einer Schiene laufende Glasscheibe ersetzt.

Grundsätzlich verschieden von Kistenkäfig und Vitrine ist der Typ des **offenen Käfigs**. Er ist an allen Seitenwänden und auch oben verdrahtet. Licht und Luft haben ungehindert Zutritt, und seine gesamte Konstruktion wirkt leicht und transparent. Sein Gewicht ist deutlich geringer als das eines gleichgroßen Kistenkäfigs, ein nicht zu unterschätzender Vorteil beim Hantieren. Offene Käfige sind heute meist ganz aus Metall oder auch aus Kunststoff. Nur wenige Hersteller haben noch die in traditioneller Bauweise gefertigten Käfige im Programm. Bei ihnen besteht die Rahmenkonstruktion aus dünnen Buchenholzleisten, die Verdrahtung verläuft senkrecht durch passgenaue Bohrungen. Ein akzeptabler Drahtabstand für einen Prachtfinkenkäfig sind zehn Millimeter. Welcher Bauweise Sie den Vorzug geben, ist Sache des persönlichen Geschmacks. Bei

Achtung

Einen Prachtfinkenkäfig als Raumteiler frei ins Zimmer zu stellen, ist einer der schlimmsten Anfängerfehler, die Sie begehen können.

Ein nur vorne offener Kistenkäfig eignet sich zur Unterbringung von Prachtfinken am besten.

sorgfältiger Wahl des Standorts kann ein offener Ganzmetall- oder Hartholzkäfig durchaus eine Alternative zum Kistenkäfig sein.

Es gibt eine ganz Reihe von allgemeinen Kriterien, die bei der Aufstellung eines Käfigs berücksichtigt werden müssen und die vom Käfigtyp unabhängig sind. Alle Vögel fühlen sich um so sicherer und damit wohler, je höher sie im Vergleich zum menschlichen Betrachter stehen. Ein Käfig für Prachtfinken sollte deshalb niemals tiefer als in Tischhöhe aufgestellt werden. Bei der Auswahl des Standortes im Raum sollten Sie drei Dinge beachten. Zum einen muss wenigstens die Rückseite, bei offenen Käfigen besser auch noch eine Schmalseite, dicht an einer Wand stehen, um den Vögeln die so wichtige Rückendeckung zu geben. Beachten sollten Sie weiterhin, dass möglichst viel **Tageslicht** ins Käfiginnere gelangt. Gerade in Kistenkäfigen entstehen bei ungünstigem Einfallswinkel des Lichts ausgedehnte Schattenbereiche. Schließlich sollten Sie einen Käfigstandort möglichst weit weg von der Zimmertüre auswählen, am besten an der gegenüber liegenden Seite des Raumes. Sie vermeiden so, dass Sie sich unbemerkt im toten Winkel nähern und damit unbeabsichtigt panikartige Reaktionen unter den Vögeln auslösen.

Wichtig im Hinblick auf das in regelmäßigen Abständen notwendige Auswechseln der Einstreu ist, dass der Käfig mit einer nicht zu flachen **Bodenschublade** aus rostfreiem Material ausgestattet ist. Der nach dem Herausziehen der Schublade offene Spalt sollte durch eine pendelnde Klappe gesichert sein. Sie werden schließlich bald schätzen lernen, wenn Ihr Prachtfinkenkäfig durch einen **Mittelschieber** geteilt werden kann. Reinigungsarbeiten im Käfiginneren verlaufen stressfreier für Sie und Ihre Vögel, wenn Sie diese zunächst in eine Käfighälfte absperren, während Sie die andere sauber machen. Dann dirigieren Sie die Tiere behutsam um und reinigen in aller Ruhe das verbleibende Abteil. Auch beim Herausfangen einzelner Vögel oder bei der Durchführung von Nestkontrollen leistet so ein Mittelschieber unverzichtbare Dienste.

Besser – Zimmervoliere, Vogelstube und Wintergarten

Lassen es die räumlichen Verhältnisse zu, dann sollten Sie Ihre Prachtfinken in einer Zimmervoliere halten. Vieles, was zu Käfigen oder Vitrinen gesagt wurde, gilt auch für die Auswahl einer geeigneten Voliere. Wegen der größeren Dimensionen sind der Grundriss und das Verhältnis von Länge zu Breite zu Höhe nicht ganz so entscheidend wie bei einem Käfig.

Das Wort Voliere stammt aus dem Französischen und leitet sich ab von „voler" = fliegen. Deshalb sollte eine Voliere einen Rauminhalt von einem halben Kubikmeter nicht unterschreiten. Nach oben sind selbstverständlich keine Grenzen gesetzt.

In einer Voliere können die Vögel nach Herzenslust ihre Flügel gebrauchen.

Kleinere Zimmervolieren sollten genauso wie ein Käfig in Tischhöhe aufgestellt werden. Erst ab einer Grundfläche von etwa zwei Quadratmetern können Sie daran denken, die gesamte Raumhöhe vom Fußboden bis zur Decke auszunutzen. Ob Sie Ihre Zimmervoliere mit Bodenschubladen und Trennschieber ausstatten, ist ebenfalls eine Frage der Dimensionen. Ab einer gewissen Tiefe ist beides technisch kaum mehr machbar und auch nicht mehr sinnvoll. Bei Reinigungsarbeiten bietet ein größerer Flugraum den Insassen auch so genügend Ausweichmöglichkeiten.

Der Standort sollte entsprechend den Ausführungen im Kapitel über Käfige gewählt werden.

Unbedingt beachten sollten Sie, dass Ihre Zimmervoliere über eine sinnvoll platzierte und vernünftig dimensionierte Eingangstüre verfügt. Bei kleineren Volieren sollten Sie von dieser aus – ohne Verrenkungen – alle Bereiche des Bodens erreichen können. In größeren Flugräumen müssen Ihre Vögel die Möglichkeit haben, auf Distanz zu gehen, wenn Sie hineingehen. Für den Zugang zur Voliere eine der beiden Schmalseiten vorzusehen, ist daher keine schlechte Lösung. Der allerwichtigste Punkt zuletzt: Die Höhe der Türöffnung einer Voliere für Kleinvögel sollte maximal zwei Drittel der Gesamthöhe der Voliere betragen. Zu groß ist sonst die Gefahr, dass einer der Insassen über Ihren Kopf hinweg entwischt.

Geeignete Zimmervolieren werden komplett oder im **Baukastensystem** von vielen Herstellern vertrieben. Ein Nachteil dieser Angebote ist, dass stets nur eine begrenzte Auswahl an genormten Abmessungen erhältlich ist. Möchten Sie schwierige räumliche Verhältnisse optimal ausnutzen, ist eine **Eigenkonstruktion** häufig die einzige Alternative. Aus verarbeitungstechnischen Gründen bietet sich in diesem Fall Holz als Material für die Rahmen an, wobei Sie eine wasserfeste Imprägnierung nicht vergessen dürfen. Als Drahtbespannung für eine Prachtfinkenvoliere empfiehlt sich ein verzinktes oder besser, ein dunkel kunststoffummanteltes Vierecksgeflecht mit einer Maschenweite von maximal 12,5 × 12,5 Millimetern. Vorsicht! Für einige der allerkleinsten Prachtfinkenarten kann selbst dieses Gitter schon zu grobmaschig sein und zu verhängnisvollen Unfällen führen.

Der am besten geeignete Standort für eine Zimmervoliere ist die Ecke des Raumes.

Vielleicht verfügen Sie in Ihrer Wohnung über so viel Platz, dass Sie Ihren Vögeln ein ganzes Zimmer ungeteilt zur Verfügung stellen möchten? Die Unterbringung in einer so genannten Vogelstube wurde von den Pionieren der modernen Vogelhaltung in der zweiten Hälfte des vergangenen Jahrhunderts als die erstrebenswerteste Form der Prachtfinkenhaltung angesehen. Richtig durchgesetzt hat sie sich eigentlich nie. Ein Grund dafür ist sicher, dass Wohnraum damals wie heute knapp und teuer ist. Eine Vogelstube im klassischen Sinn hat einen weiteren ganz entscheidenden Nachteil. Es gibt nämlich keinen Platz, von dem aus Sie das Treiben ihrer gefiederten Bewohner ungestört beobachten können.

Wesentlich günstiger sind die Voraussetzungen, wenn Sie mit dem Gedanken spielen, Ihre Vögel im **Wintergarten** unterzubringen. Die dort vorhandene Fülle an Tageslicht – bei Verwendung von entsprechendem Material sogar mit UV-Anteil – und die relativ hohen Temperaturen kommen Tropenvögeln wie den Prachtfinken natürlich sehr entgegen. Die Beobachtungsmöglichkeiten von den angrenzenden Wohnräumen und vom Garten aus sind gut bis optimal. Bei der Gestaltung mit

Achtung

Auch eine Zimmervoliere darf niemals nach allen Seiten frei im Raum aufgestellt werden.

Auch eine brauchbare Lösung: Vogelvoliere in einem Wintergarten.

Hinweis

An besonders heißen Tagen müssen Sie durch Schattieren und Belüften sogar dafür sorgen, dass es nicht zu heiß wird. Mehr als 35° C sollten Sie Ihren Vögeln auch kurzfristig nicht zumuten!

natürlichen Pflanzen sind Ihrer Kreativität kaum Grenzen gesetzt. Entgegen einer weit verbreiteten Meinung kommen die meisten Vögel – nach sorgfältiger Eingewöhnung – auch mit den Glasscheiben gut zurecht.

Zumindest anfangs werden die meisten Prachtfinken jedoch von Ihrer Idee, den Wintergarten gemeinsam zu nutzen, wenig begeistert sein und Sie als Eindringling in ihren Lebensraum betrachten. Es ist deshalb bei scheueren Prachtfinkenarten besser, klare Verhältnisse zu schaffen und den Vögeln durch Aufstellen einer Voliere oder Einziehen einer Gittertrennwand einen Teil des Wintergartens ganz zu überlassen.

Das Nonplusultra – eine Gartenvoliere mit Vogelhaus

Richtig gut sind Sie als Prachtfinkenhalter dran, wenn Sie ein Haus oder eine Wohnung mit Gartenanteil besitzen oder gemietet haben. Sie können dann – die Genehmigung der zuständigen Behörden und/oder die Einwilligung Ihres Vermieters vorausgesetzt – Ihren Prachtfinken eine Gartenvoliere mit oder ohne Schutzhaus errichten.

Die Nutzungsdauer einer solchen Anlage ist natürlich von den klimatischen Gegebenheiten der Gegend abhängig, in der Sie wohnen. Auch eignen sich nicht alle Prachtfinkenarten gleich gut für eine Freivolierenhaltung in unseren Breiten. Unter Umständen wird der Aufenthalt der Vögel in der Gartenvoliere auf die Monate von Mitte Mai bis Mitte September beschränkt sein. Die Vorteile sind aber so wesentlich, dass Sie nicht darauf verzichten sollten. Die Bewegung an der frischen Luft, die immer staubärmer und weniger keimbelastet ist als die Atmosphäre in noch so gut belüfteten Innenräumen, die ungehinderte Einwirkung der natürlichen UV-Strahlung, die Möglichkeit, im Regen zu baden und vieles andere mehr, sichern speziell Jungvögeln eine optimale Entwicklung. Auch bei erwachsenen Vögeln führt ein Freilandaufenthalt zu einer deutlichen Verbesserung des Allgemeinzustandes und des Gefieders.

Hinweis

Von großer Bedeutung ist die Auswahl eines passenden Standortes für die Gartenvoliere. Geeignet ist ein zugfreier, geschützter Platz an einer Hauswand oder sogar in einem Gebäudewinkel, der für mehrere Stunden am Tag Sonne erhält. Die offene Seite der Voliere sollte nach Süden oder Osten ausgerichtet sein.

Als Schutz vor Witterungseinflüssen müssen die Rückseite, wenigstens eine Schmalseite und ein Teil des Dachs (bei Volieren mit Schutzraum das an diesen angrenzende Drittel, bei reinen Freivolieren am besten die gesamte Dachfläche) mit regen- und winddichtem Material abgeschirmt werden. Durch Sitzgelegenheiten und Schlafnester an den entsprechenden Stellen können die Vögel dazu gebracht werden, die Nacht im bestgeschützten Teil zu verbringen. Unverzichtbar für den Betrieb einer Freivoliere ist eine Eingangsschleuse, die groß genug sein muss, dass auch Arbeitsgeräte mit hinein genommen werden können.

Die Nutzungsdauer einer Freivoliere lässt sich erheblich ausdehnen, wenn ein beheizbares Vogelhaus mit einer oder mehreren

Optimal untergebracht sind Prachtfinken in einer Gartenvoliere mit angrenzendem Schutzhaus.

Innenvolieren angebaut wird. Unter Umständen können Ihre Prachtfinken das ganze Jahr über in der Anlage verbleiben und selbst an milden Wintertagen stundenweise nach draußen gelassen werden. Wichtig ist, dass der Schutzraum nicht zu klein ist. Schließlich verbringen die Vögel einen großen Teil ihrer Zeit darin. Damit der Innenraum gerne aufgesucht wird, sollte er mindestens ebenso hoch oder sogar noch etwas höher sein als die dazugehörige Außenvoliere. Für ausreichend Tageslicht sorgen Plexiglaskuppeln im Dach und große Fenster zur angrenzenden Freivoliere hin. Als eigentlicher Durchschlupf genügt eine Öffnung von ungefähr 20 × 30 cm mit Anflugmöglichkeit von innen und außen. Diese Luke sollte durch eine von außerhalb der Anlage über einen Seilzug bedienbare Klappe geschlossen oder geöffnet werden können. Heizmöglichkeit und Beleuchtung im Innenraum müssen so abgeschirmt werden, dass weder technische Einrichtungen noch die Vögel selbst Schaden nehmen können.

Zu Bau und Einrichtung von Volieren gibt es eine ganze Reihe von Literatur. Denken Sie aber daran, dass selbst ein noch so gutes Fachbuch praktische Erfahrungen nicht ersetzen kann. Holen Sie sich deshalb Hinweise und Anregungen bei erfahrenen Vogelliebhabern, Vogelparks und Zoologischen Gärten.

Die richtige Einrichtung

Ein Käfig oder eine Voliere wird erst dann zu einem wirklichen Heim für Ihre Prachtfinken, wenn die Ausstattung ihren Bedürfnissen entspricht. Dabei sollten der natürliche Lebensraum und das Verhalten der Vögel als Orientierungshilfen dienen. Um ein Missverständnis gleich auszuräumen: Es kommt nicht darauf an, einen Ausschnitt aus einem Prachtfinkenbiotop bis ins kleinste Detail nachzubilden. Wichtiger ist, dass Sie erkennen, welche Punkte aus der Sicht der Vögel entscheidend sind.

Wenn Sie in Ihrer Voliere beispielsweise eine Wasserstelle einrichten, brauchen Sie dazu nicht unbedingt mit bizarren Gesteinsformationen einen kleinen Bachlauf nachzubauen. Eine einfache, leicht zu reinigende Tonschale erfüllt den gleichen Zweck. Viel entscheidender ist es, die Umgebung übersichtlich und frei von höherer Vegetation zu halten. Ihre Prachtfinken fühlen sich so beim Trinken und Baden sicher und brauchen nicht zu fürchten, auf dem Boden von einem Feind überrascht zu werden. Dass dies in der feindfreien Umgebung einer Voliere gar nicht passieren kann, können die Vögel ja nicht wissen!

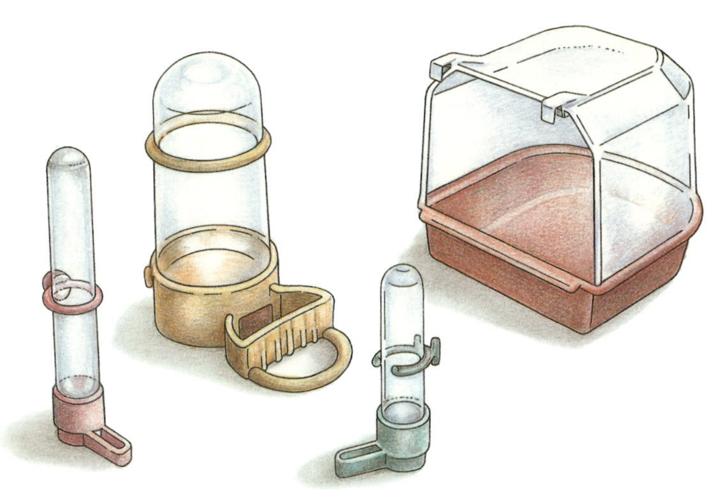

Je nach Situation können Automaten und Badehäuschen aus Plastik brauchbare oder weniger sinnvolle Einrichtungsgegenstände für ein Prachtfinkenheim sein.

Einrichtungsgegenstände und Zubehörteile von A bis Z können Sie im Fachgeschäft kaufen oder in Eigenregie anfertigen. Nicht alle davon sind in jeder Situation sinnvoll:

- **Automaten** für Futter und Wasser werden in vielen Modellen und Größen angeboten. Sie können hilfreich sein, wenn Sie Ihre Prachtfinken einmal für eine gewisse Zeit alleine lassen müssen und Nachbarn oder Bekannte über die regelmäßige Kontrolle hinaus nicht mit zusätzlichen Aufgaben belasten wollen. Bei Automaten besteht aber stets die Gefahr von Fehlfunktionen (Verstopfen des Futtersilos, Auslaufen von Wasser) und sie sind schwer sauber zu halten. Auf Dauer ist eine Verwendung deswegen nicht empfehlenswert.
- **Badehäuschen** aus Plastik sollten Sie vor allem dann verwenden, wenn Sie Ihre Prachtfinken im Käfig oder in einer kleineren Zimmervoliere halten. Sie vermeiden so, dass beim Baden die Umgebung der Wasserstelle zu stark durchnässt wird. Wählen Sie ein Häuschen mit durchsichtiger Kuppel und möglichst unauffällig gefärbtem Unterteil.
- Als **Bodenbelag** für einen Käfig oder eine Zimmervoliere eignet sich gereinigter, möglichst staubfreier Sand am besten. Einstreumaterialien auf Hanf- oder Papierbasis sind extrem saugfähig und – im Gegensatz zu Sand – gut kompostierbar. Sollten Sie sich für diese Alternative entscheiden, müssen Sie **Sand und kleine Steinchen** als **Verdauungshilfe** in einer extra Schale bereitstellen. Gartenvolieren, Wintergärten oder auch große Innenvolieren können natürlich teilweise mit einem Bodenbelag aus Erde, Laub oder auch Rindenmulch ausgestattet werden, der noch mit Gras bewachsen sein kann.
- Die Installation eines **Dämmerlichts** verhindert, dass Ihre Prachtfinken beim Ausschalten der Raumbeleuchtung an einer unpassenden

Stelle von der Dunkelheit überrascht werden. Brennt irgendwo im Raum eine schwache Glühbirne, können die Vögel in aller Ruhe ihre bevorzugten Schlafplätze aufsuchen.

• Ein **Fangnetz** brauchen Sie, wenn es gilt, einen oder mehrere Vögel aus der Voliere heraus zu fangen oder einen Ausreißer in diese zurück zu befördern. Für den Einsatz in kleineren Volieren oder Käfigen eignen sich auch die für Aquarianer angebotenen, rechteckigen Kescher aus grünem Tüll.

• Als **Futternäpfe** oder auch **Wasserschalen** kommen alle möglichen Typen und Formen in Frage. Geeignet sind die handelsüblichen, weißen Modelle aus Porzellan oder Hartplastik, oval oder rechteckig, geteilt oder ungeteilt. Empfehlenswerter sind glasierte Blumentopfuntersetzer aus Ton. Je nach Art des angebotenen Futters und Anzahl der Vögel können Sie die passende Größe auswählen. Wichtiger noch als Typ und Größe ist die sinnvolle Platzierung der Futter- und Wassergefäße. Stellen Sie diese auf dem Käfig- oder Volierenboden so auf, dass sie bequem von der Türe aus erreichbar sind. Achten Sie auch darauf, dass sich darüber keine Sitzgelegenheiten für die Vögel befinden.

• **Glöckchen, Spiegel, Plastikvögel** und ähnliches **Spielzeug** sind schon für einen einzeln gehaltenen Wellensittich kein Ersatz für den lebensnotwendigen Kontakt mit Artgenossen. In einem Heim für Prachtfinken sind solche Dinge erst recht überflüssig.

• Ein **Hygrometer** zur Kontrolle der Luftfeuchtigkeit ist eigentlich nicht notwendig. Die für Einsteiger empfehlenswerten Prachtfinkenarten kommen mit den klimatischen Verhältnissen in normalen Wohnräumen gut zurecht.

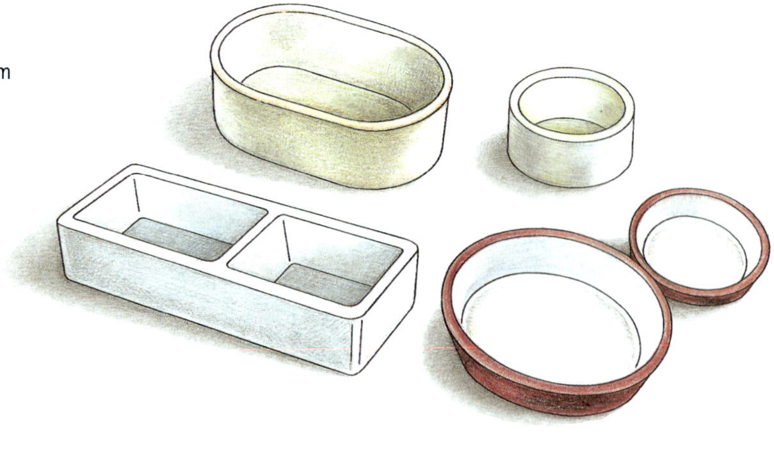

Futterschalen gibt es in vielen Ausführungen. Sie sollten in jedem Fall standfest und gut zu reinigen sein.

• Ein **Infrarotstrahler** mit einer Leistung von 150 oder 250 Watt dagegen ist eine sinnvolle Anschaffung. Als Soforthilfe bei kleineren Unpässlichkeiten sowie bei der Eingewöhnung von Neuzugängen leistet er unverzichtbare Dienste.

• **Klettermöglichkeiten** in Form von senkrecht angebrachten Schilfhalmen, herabhängenden Seilen und reich verzweigten Naturästen sind vor allem für Gebüsch oder Schilf bewohnende Prachtfinkenarten wichtig. Sie dienen der Beschäftigung und körperlichen Fitness. Darüber hinaus können sie helfen, übermäßiges Krallenwachstum in den Griff zu bekommen.

TIPP

Die Attraktivität von Klettermöglichkeiten lässt sich steigern, indem man Leckerbissen wie Kolbenhirse oder frisch gepflückte Grasrispen daran befestigt.

• **Lebende Pflanzen** in einer größeren Prachtfinkenbehausung bieten den Insassen Versteck-, Nist- und Beschäftigungsmöglichkeiten, tragen zur Verbesserung des Raumklimas bei und sehen einfach gut aus. Damit das auch so bleibt, muss die Dichte des Vogelbesatzes in einer bepflanzten Voliere auf ein vernünftiges Maß beschränkt sein.

• **Leuchtstoffröhren** sind, trotz einiger Nachteile, immer noch die gebräuchlichste Lichtquelle in der Vogelhaltung. Sie bieten viel Licht bei geringem Stromverbrauch. Verwenden Sie unbedingt einen Typ mit UV-Anteil, wie beispielsweise die seit vielen Jahren bewährten *Truelite* Röhren.

• Ein spezieller **Luftbefeuchter** dürfte eine für den durchschnittlichen Prachtfinkenhalter unnötige Anschaffung sein.

• **Naturäste und -zweige** von verschiedenen Laubhölzern verdienen als Sitzgelegenheiten für Ihre Prachtfinken eindeutig den Vorrang gegenüber gedrehten Sitzstangen aus Hartholz oder Plastik. Der unterschiedliche Durchmesser, der von waagrecht bis senkrecht variierende Neigungswinkel und das federnde Nachgeben bei Belastung zwingen die Vögel dazu, immer wieder unterschiedlich zu greifen und variable Sitzpositionen einzunehmen. Dies hält Beine und Zehen beweglich, verhindert übermäßiges Krallenwachstum und verbessert ganz allgemein die körperliche Fitness.

Beim Anbringen der Äste müssen Sie auf den bereits erwähnten „Sicherheitsabstand" zu Futter- und Wassergefäßen achten. In einem Flugkäfig oder in einer kleineren Zimmervoliere sind drei mäßig verzweigte Naturäste (zwei im oberen Bereich an den Seiten, einer etwas tiefer in der Mitte) durchaus genug.

Achtung

Die gleichförmige Belastung, die waagrechte, nicht federnde, fertig gekaufte Sitzstangen auf den Bewegungsapparat der Vögel ausüben, führt oft zu Problemen an Gelenken, Sehnen und Muskulatur.

• Künstliche oder natürliche **Nisthilfen** sind nicht nur dann notwendig, wenn Ihre Prachtfinken sich fortpflanzen sollen. Viele Arten sind nämlich so genannte Nestschläfer, die ganzjährig Schlafnester bauen und diese jede Nacht aufsuchen. Schlafnester unterscheiden sich nicht von Nisthilfen, so dass auf den entsprechenden Abschnitt im Kapitel über die Zucht von Prachtfinken verwiesen werden kann.

• Eine **Sprühflasche** mit Zerstäuber kann sinnvoll sein, falls einer Ihrer Prachtfinken keine Badegelegenheit mit stehendem Wasser aufsuchen möchte. Das Besprühen mit temperiertem Wasser entspricht weitgehend dem bei vielen Arten üblichen Baden im Regen oder feuchten Gras.

• Ein **Thermometer** ist zur Kontrolle der klimatischen Bedingungen unbedingt notwendig. Die meisten Prachtfinken fühlen sich bei einer Umgebungstemperatur von 20 bis 25° C am wohlsten. Nachts sollte das Thermometer möglichst nicht unter 15° C sinken. Die domestizierten Prachtfinkenarten können etwas tiefere Temperaturen vertragen.

• Auf den Einsatz eines speziellen **UV-Strahlers** werden Sie meist verzichten können. Eine Anschaffung kommt allerdings dann in Betracht, wenn Sie Ihre Prachtfinken in einer großen Zimmervoliere oder in einem separaten Vogelraum ohne Ausflugsmöglichkeit ins Freie halten und auch durch das geöffnete Fenster kein direktes Sonnenlicht zu den Vögeln gelangt.

• Eine **Zeitschaltuhr** sorgt dafür, dass der so wichtige Tag-Nacht-Rhythmus auch dann eingehalten wird, wenn Sie abends mal später nach Hause kommen oder morgens ausschlafen möchten. Mechanische Modelle, die einfach in die Steckdose gesteckt werden, reichen vollkommen aus. Eine Zeitschaltuhr darf stets nur in Verbindung mit einer Dämmerbeleuchtung betrieben werden. Die tägliche Beleuchtungsdauer sollte, für Prachtfinken wie für alle anderen Tropenvögel, mindestens zwölf Stunden betragen.

Achtung

Wann immer Sie einen UV-Strahler verwenden, halten Sie sich strikt an die Gebrauchsanweisung und sorgen Sie dafür, dass die Vögel den Strahlungsbereich jederzeit verlassen können.

Regelmäßige Pflichten

Selbst wenn Sie nur ein einzelnes Prachtfinkenpaar in einem Flugkäfig halten, gibt es eine ganze Reihe von Pflegearbeiten, die zuverlässig Tag für Tag, etwa ein Mal pro Woche oder auch in größeren Abständen erledigt werden müssen.

• Zu den **täglichen** Arbeiten gehört in erster Linie das Anbieten von Futter sowie von Trink- und Badewasser in frisch gereinigten Näpfen, Schalen oder Badehäuschen. In der Nähe verstreute Futterreste müssen vollständig entfernt werden – ebenso wie die Teile des Bodenbelags, die durch das Baden der Vögel durchnässt sind. Wollen Ihre Prachtfinken gerade mit der Brut beginnen oder halten Sie Arten, die Schlafnester bauen? Dann müssen Sie täglich für ausreichend Nachschub an geeignetem Nistmaterial sorgen. Technische Einrichtungen wie Beleuchtung, Zeitschaltuhr, Dämmerlicht sowie die Raumtemperatur müssen ebenfalls täglich überprüft werden.

• Etwa **ein Mal pro Woche** wird eine etwas gründlichere Reinigung des Käfigs oder der Voliere notwendig. Dazu gehören das vollständige oder zumindest teilweise Auswechseln des Bodenbelags, das Reinigen von Sitzstangen, Naturästen und sonstigen Einrichtungsgegenständen, sowie das Abspritzen der Pflanzen.

• Etwa **drei bis vier Mal pro Jahr** sollten Sie zum ganz großen Rundumschlag ausholen. Im Rahmen dieser Aktion muss Ihr Prachtfinkenheim vollständig ausgeräumt und einer gründlichen Nassreinigung unterzogen werden. Schlaf- und benutzte Brutnester müssen entfernt und alle Nisthilfen gründlich abgeschrubbt und desinfiziert werden. Sitzstangen, Äste, trockene Grasbüschel und sonstiges „Mobiliar“ sollten komplett erneuert werden. Keine schlechte Idee wäre es auch, den Volierenpflanzen eine Erholungspause außerhalb der Reichweite ihrer gefiederten Mitbewohner zu gönnen.

• Das tägliche Anbieten von **Futter** und frischem **Wasser** sollte stets zur gleichen Uhrzeit erfolgen. Die Vögel gewöhnen sich so recht schnell an einen bestimmten Rhythmus. Ebenso ratsam ist es, die wöchentlich anfallenden Arbeiten auf einen bestimmten Tag zu legen. Die Gefahr, diese immer wieder aufzuschieben, ist dadurch deutlich geringer.

Wichtig

Nehmen Sie sich jeden Tag wenigstens einige Minuten Zeit, um Ihre Vögel ungestört zu beobachten. Nur so können Sie Änderungen im Verhalten, aber auch Probleme rechtzeitig erkennen.

Ein Prachtfink ist kein Prachtfink

Bei allen bisherigen Ausführungen zum Erwerb und zur Haltung war stets von Prachtfinken die Rede. Die Einzahl wurde nie gebraucht. Das ist kein Zufall. Eine dauernde Einzelhaltung wäre wohl mit das Schlimmste, was man diesen geselligen Vogelzwergen antun könnte. Egal für welche Haltungsform Sie sich entscheiden, Sie müssen immer wenigstens zwei Prachtfinken zusammen halten. Optimale Partner sind dabei natürlich zwei gegengeschlechtliche Individuen der gleichen Prachtfinkenart. Ist eine solche paarweise Haltung einmal nicht möglich, wäre die gemeinsame Unterbringung von zwei oder mehr verschiedenartigen, in Größe und Lebensweise aber möglichst ähnlichen Prachtfinken ein akzeptabler Kompromiss.

Prachtfinken unter sich . . .

Bis auf eine einzige Ausnahme verteidigen Prachtfinken zur Brutzeit kein richtiges Territorium, sondern nur die Umgebung ihres Nestes gegen Artgenossen und andere Vögel. Viele Arten scheinen sich im Schwarm noch wohler zu fühlen als bei paarweiser Unterbringung. Wie kaum eine andere Vogelgruppe eignen sich Prachtfinken deshalb zur Haltung in gemischten Vogelgesellschaften.

Käfige und Kleinvolieren bis etwa einen Kubikmeter Rauminhalt sollten Sie, zumindest bei Zuchtabsichten, trotzdem nur mit einem Paar Prachtfinken besetzen. Zum Einen würden auf so engem Raum die Mitinsassen zwangsläufig ständig die kritische Distanz zum Brutnest eines Paares unterschreiten. Zum Anderen müssen die Altvögel nach einer gelungenen Brut den vorhandenen Platz ohnehin mit vier, fünf oder sogar noch mehr Jungvögeln teilen. Wie viele Prachtfinken Sie in einer größeren Zimmer- oder Gartenvoliere unterbringen können, hängt von deren Einrichtung, aber auch von der Auswahl der vergesellschafteten Arten und vom individuellen Charakter der einzelnen Vögel ab. Als Faustregel können Sie von einem Paar pro Kubikmeter Flugraum ausgehen. Eine Zimmervoliere von zwei Metern

Verschiedene Prachtfinkenarten finden sich auch gemeinsam beim Fressen ein.

Länge, einem Meter Breite und zwei Metern Höhe sollte also vier Prachtfinkenpaaren ausreichend Platz zum Brüten und den ausgeflogenen Jungvögeln gute Entwicklungsmöglichkeiten bieten.

In der Literatur finden Sie häufig den Vorschlag, Prachtfinken mit gleicher geographischer Herkunft zu vergesellschaften, also eine Voliere ausschließlich mit westafrikanischen, südostasiatischen oder australischen Prachtfinken zu besetzen. Dies ist vernünftig, wenn Sie gleichzeitig darauf achten, dass die vergesellschafteten Arten auch den gleichen Lebensraum besiedeln. Im Zweifelsfall wäre es nämlich dann doch besser, beispielsweise Prachtfinken aus den Trockengebieten Afrikas und Australiens zusammen zu halten, als Arten, die zwar alle aus Ostafrika stammen, dort aber ganz unterschiedliche Lebensräume bewohnen.

. . . und in Gemeinschaft mit anderen Vögeln

Als kleine, wenig wehrhafte Vögel können Prachtfinken bei einer Vergesellschaftung mit robusteren Körnerfressern wie größeren Sperlingsarten, Webervögeln oder auch Witwen leicht zu kurz kommen. Vermeiden sollten Sie in jedem Fall eine Gemeinschaftshaltung mit kleineren Finkenvögeln wie Girlitzarten und verschiedenen Zeisigen. Diese würden zwar größenmäßig gut zu den Prachtfinken passen, sind aber meist auf die Aufnahme von ölhaltigen Sämereien spezialisiert und haben damit völlig andere ernährungsphysiologische Ansprüche. Aus dem gleichen Grund ist auch eine Haltung von Kanarienvögeln in einer Prachtfinkenvoliere nicht optimal. Wellensittiche und andere kleine Sittiche und Papageien benötigen zwar ein ähnliches Futterangebot wie größere Prachtfinkenarten, sind aber wegen ihrer körperlichen Überlegenheit und vor allem wegen ihres kräftigen Krummschnabels mit Vorsicht zu genießen.

Eher anzuraten wäre dagegen eine Gemeinschaftshaltung mit kleinen südamerikanischen Ammernverwandten wie Pfäffchen, Jacarini- und Kubafinken. Auch friedliche, kleine Täubchen- und Wachtelarten eignen sich als Mitbewohner.

Artgerechte Ernährung

Rechte Seite: Eine qualitätvolle Mischung verschiedener Hirsesorten bildet die Grundlage einer ausgewogenen Prachtfinkendiät.

Vertraut man den Werbespots und Hochglanzbroschüren der Futtermittelindustrie, benötigen Heimvögel zur optimalen Ernährung nichts weiter als eine nach den Bedürfnissen der jeweiligen Art zusammengestellte Körnermischung aus der Tüte, ergänzt durch eine ganze Palette von Zusatzprodukten des gleichen Herstellers. Tatsächlich ist es möglich, robustere Prachtfinkenarten auf diese bequeme Weise viele Jahre nicht nur am Leben, sondern sogar bei guter Gesundheit zu erhalten. Aber möchten Sie 365 Tage im Jahr morgens, mittags und abends eine stets identisch zusammengesetzte und gleich schmeckende Mahlzeit zu sich nehmen?

Die Grundlage

Frei lebende Prachtfinken ernähren sich fast ausschließlich von den Samen verschiedener Gräser. Als Ersatzfutter haben sich verschiedene Hirsesorten erwiesen. Kleinkörnige, weichschalige Sorten wie Senegal- oder Mohairhirse eignen sich für kleinere und dünnschnäbelige Prachtfinkenarten am besten. Größere Arten mit kräftigeren Schnäbeln bevorzugen großkörnige Sorten wie Silber- oder Japanhirse. Einige Futtermittelhersteller bieten heute speziell auf die Bedürfnisse einzelner Prachtfinkengruppen abgestimmte Futtermischungen an.

Noch wichtiger als ein genau ausgeklügeltes Mischungsverhältnis ist, dass die Sämereien frisch und von bester Qualität sind.

Ob eine solche Spezialmischung tatsächlich frisch ist, können Sie ganz leicht durch eine **Keimprobe** feststellen. Liegt die Keimrate unter 80 Prozent, sollten Sie überlegen, ob Sie nicht besser die Futtermarke oder Ihre Bezugsquelle wechseln.

Apropos Keimen: In der freien Natur nehmen Prachtfinken nur während einer begrenzten Zeitspanne harte und trockene Körner auf. Die meiste Zeit des Jahres stehen ihnen weiche und leicht verdauliche Sämereien in allen möglichen Reifestadien zur Verfügung. Angekeimte Körner bieten einen brauchbaren Ersatz dafür. Durch den Keimprozess werden Inhaltsstoffe des Samenkorns wie Stärke und Fette teilweise aufgeschlossen und damit für die Vögel besser nutzbar. Darüber hinaus werden wertvolle Vitamine und Enzyme gebildet. Zur Keimfutterberei-

Keimfutter herstellen

Am sichersten funktioniert eine altbewährte Methode, nach der die für einen Tag benötigte Futtermenge in ein Plastiksieb gegeben und in eine wassergefüllte Schüssel gehängt wird. Während der ersten 24 Stunden sollte das Keimgut ganz von Wasser bedeckt sein, an den folgenden zwei oder drei Tagen darf der Wasserstand dann nur bis zur Unterseite des eingehängten Siebes reichen. Alles muss jeden Tag gut durchgespült und das Wasser in den Schüsseln vollständig ersetzt werden. Nach etwa drei bis vier Tagen sind die Keimlinge als weiße Spitzen zu erkennen, und der optimale Zeitpunkt zum Verfüttern ist erreicht.

Die Qualität einer Körnermischung können Sie mit einer einfachen Keimprobe feststellen.

tung eignen sich die meisten handelsüblichen Hirsemischungen, vorausgesetzt sie enthalten keine Zusätze wie Trockenei, Bisquitkrümel und ähnliches.

Ebenfalls in die Kategorie „Grundfutter" gehört die bei allen Kleinvögeln so beliebte Kolbenhirse. Sie ist in zwei Sorten – rot und gelb – erhältlich. Kolbenhirse ist für Ihre Vögel nicht nur ein wertvolles Futtermittel, sondern bietet auch viele Beschäftigungsmöglichkeiten. Bei der Eingewöhnung von Neuzugängen, als Diätfutter bei kleineren Unpässlichkeiten sowie bei der Gewöhnung von Jungvögeln an die selbstständige Nahrungsaufnahme ist sie nahezu unverzichtbar.

Einige Prachtfinken, die in den Trockengebieten Afrikas und Australiens leben, können im Notfall tage- oder sogar wochenlang ohne Trinkwasser auskommen. Ihnen genügt die in ihrer Nahrung enthaltene Flüssigkeit. Für die Versorgung von Heimtieren dürfen solche Ausnahmesituationen natürlich kein Maßstab sein. Allen Prachtfinkenarten muss wenigstens ein Mal, bei höheren Temperaturen besser mehrmals täglich, **frisches Wasser** zum Trinken und Baden gereicht werden.

Die Beilagen

Prachtfinken an Obst und Gemüse zu gewöhnen, scheint in manchen Fällen ein aussichtsloses Unterfangen zu sein. Versuchen sollten Sie es trotzdem. Den größten Erfolg dürften Sie mit süßen, nicht zu harten Äpfeln und Birnen, aber auch mit exotischen Früchten wie Mangos oder Papayas haben. Einige Prachtfinken sind geradezu versessen auf Scheiben von Salatgurken oder geriebene Karotten. Egal was Sie anbieten, wichtig ist in jedem Fall, dass Sie nicht zu schnell die Flinte ins Korn werfen. Manchmal dauert es Monate, bis die Vögel auf den Geschmack kommen.

TIPP
Auch wenn es überzogen klingen mag: Es geht nichts über Grünfutter, welches Sie im eigenen Garten oder in freier Natur frisch gesammelt haben, möglichst weit weg von Spritzmitteleinsatz und Straßenverkehr.

Wesentlich unkomplizierter sind Prachtfinken, wenn es um Grünfutter geht. Probiert wird so gut wie alles, Sie müssen lediglich auf die Qualität des Angebots achten. Ansprechende Optik ist damit nicht gemeint. In Streifen oder Stückchen geschnittener Treibhaussalat von zweifelhafter Herkunft mag noch so knackig grün und appetitlich wirken, für Ihre Vögel besitzt er lediglich einen gewissen Unterhaltungswert. Ernährungsphysiologisch gesehen könnten Sie genau so gut feuchte Papiertaschentücher verfüttern!

Besonders leicht zu beschaffen und praktisch ganzjährig verfügbar ist die Vogelmiere. Andere beliebte Futterpflanzen sind Löwenzahn, Vogelknöterich, Gänsedistel, Kreuzkraut und Hirtentäschel. Auch ein Bündel halbreifer Rispengräser verschiedener Arten ist nicht nur eine wertvolle Bereicherung des Speiseplans, sondern es ermöglicht den Vögeln auch, viele arttypische Verhaltensweisen beim Nahrungserwerb auszuleben. Entsprechendes gilt für im Frühjahr im Garten ausgesäte und halbreif geerntete Kolbenhirse.

Spätestens wenn Ihre Prachtfinken eine Familie gründen wollen, darf im Speiseplan ein gewisser Anteil an **tierischer Kost** nicht fehlen. Sie sollten deshalb ein gutes Eifuttergemisch anbieten, das auf unterschiedlichste Art zubereitet werden kann. Die Grundlage besteht fast immer aus hart gekochtem Ei und Zwiebackmehl. Als Anfänger mit einem kleinen Vogelbestand ist es für Sie am besten, wenn Sie sich eine der im Fachhandel erhältlichen Aufzuchtfuttermischungen besorgen. Sie brauchen diese dann nur noch mit geriebenen Karotten oder mit hart gekochtem, durch ein Sieb

An halbreifen Grasrispen von der Wiese können sich die Vögel selbst aussuchen, was ihnen schmeckt.

Mehlwürmer bieten den Vögeln tierisches Eiweiß und sind leicht zu beschaffen.

gedrücktem Ei etwas anfeuchten. Die Larven des Mehlkäfers – die so genannten Mehlwürmer – sind als Futtertiere am leichtesten zu beschaffen. Ihre Qualität ist so gut wie die des Substrats, auf dem sie vor dem Verfüttern gehalten wurden. Die Unsitte, zum Verkauf vorgesehene Mehlwürmer auf Zeitungspapier zu halten, scheint leider immer noch nicht ausgestorben zu sein. Als Nahrungsgrundlage eignen sich viel besser Weizenkleie oder Haferflocken, unter Zufütterung von Apfelscheiben, Karottenstückchen und ähnlichem. Mit ihrem harten Chitinpanzer sind Mehlwürmer für viele Prachtfinkenarten nur schwer zu knacken und zu verdauen. Empfehlenswert ist es daher, sie kurz vor dem Verfüttern zu überbrühen und mit einem scharfen Messer in etwa ein Zentimeter lange Stückchen zu schneiden.

Viele Prachtfinkenarten sind mit diesem Angebot an tierischer Kost vollauf zufrieden und ziehen damit ohne Probleme ihre Jungen auf. Daneben gibt es aber auch wesentlich anspruchsvollere Kostgänger. Für diese muss das Angebot an Lebendfutter zur Brutzeit so abwechslungsreich wie möglich sein und neben Eifutter und Mehlwürmern auch Fruchtfliegen, Getreideschimmelkäferlarven, Fliegenmaden, Ameisenpuppen und ähnliche „Delikatessen“ umfassen.

Süßes Obst und Gurken, diese Frischkost wird von den Prachtfinken meist gerne angenommen.

Mineralstoffe, Spurenelemente und Vitamine

Alle höheren Organismen benötigen zum Aufbau ihrer Körpersubstanz, aber auch als „Brennmaterial“ für den Energiestoffwechsel, Kohlenhydrate (Zucker), Lipide (Fette) und Proteine (Eiweißstoffe). Entscheidend für den Ablauf aller Lebensvorgänge sind zusätzlich aber auch Mineralstoffe, Spurenelemente und Vitamine. **Mineralstoffe** sind anorganische Verbindungen, die Elemente wie Kalzium, Natrium, Kalium, Phosphor und einige andere enthalten. Bei allen Wirbeltieren beispielsweise tragen Kalzium und Phosphorverbindungen zur Verfestigung des knöchernen Stützskeletts bei. Vögel benötigen ausreichende Mengen von Kalzium zur Ausbildung der Kalkschalen ihrer Eier. **Spurenelemente** wie Kupfer, Zink, Eisen, Selen, Mangan und andere sind in winzigen Mengen (in Spuren eben) für den Ablauf fast aller biochemischen Prozesse in jeder einzelnen Körperzelle notwendig. Als **Vitamine** bezeichnet man eine Reihe von komplexeren chemischen Verbindungen, die meist als „Hilfssubstanzen“ (so genannte Coenzyme) enzymatisch kontrollierte Vorgänge im Stoffwechsel beschleunigen oder überhaupt erst ermöglichen.

Werden Prachtfinken abwechslungsreich und naturnah gefüttert, nehmen sie einen Großteil der benötigten Mineralstoffe, Spurenelemente und Vitamine mit ihrer Nahrung auf. Eine gezielte Verabreichung ist eigentlich nur in Zeiten besonderer Anforderungen an den Vogelorganismus notwendig. Um sicher zu sein, dass Ihre Pfleglinge etwaige Defizite sofort ausgleichen können, ist ein ganzjähriges Angebot an Mineralien und Spurenelementen zur freien Aufnahme trotzdem zu empfehlen. Als Quelle kommt in erster Linie der im Fachhandel erhältliche **Vogelgrit** in Frage. Als Ergänzung dazu bieten sich ein **Kalkstein** oder auch **Sepiaschalen** von einwandfreier Qualität an. Gerne werden auch die zerkleinerten Schalen von Hühnereiern aufgenommen. Um eine mögliche Übertragung von Krankheitserregern auszuschließen, müssen diese vor dem Verfüttern im Backofen erhitzt oder abgekocht werden. Im Gegensatz dazu können Sie die Verabreichung eines speziellen Multivitaminpräparats auf die grünfutterarme Zeit im Winter beschränken.

Wichtig

Beachten Sie genau die Dosierungsanweisungen des Herstellers. Stark überhöhte Gaben von bestimmten Vitaminen nach dem Motto „viel hilft viel" können das Gegenteil bewirken.

Wenn Prachtfinken für Nachwuchs sorgen

Rechte Seite: Junge Prachtfinken wirken anfangs auf den menschlichen Betrachter alles andere als niedlich.

Bei richtiger Haltung sind viele Prachtfinken bereit, sich in menschlicher Obhut fortzupflanzen. Manchmal hat man eher das Gefühl, es ist schwieriger, die Vögel zu bremsen als sie zum Brüten zu animieren. Die einzelnen Stadien der Familiengründung und das Aufwachsen einer gesunden Geschwisterschar junger Prachtfinken mitzuerleben, gehört zum Schönsten, was die Vogelliebhaberei bieten kann.

Voraussetzungen

Prachtfinken sind in der Wahl ihres Partners nicht so anspruchsvoll wie beispielsweise Papageien. Trotzdem genügt es nicht immer, ein Weibchen mit einem x-beliebigen Männchen zusammenzubringen. Die Partner müssen gut miteinander harmonieren. Ein harmonisches Brutpaar finden Sie am ehesten, wenn Sie mehrere Prachtfinken einer Art in der Gruppe halten und die einzelnen Tiere, zum Beispiel mit Farbringen kennzeichnen. Zeigen zwei Vögel durch ihr Verhalten, dass sie verpaart sind, können Sie diese aus der Gruppe herausnehmen. Solche Paare werden gute Zuchtvögel sein. Obwohl viele Arten auch in einem geräumigen Flugkäfig brüten, sind die Aussichten in einer Voliere im Allgemeinen besser. Allerdings darf diese nicht zu stark besetzt sein. Auch Prachtfinkenpaare wissen eine gewisse Privatsphäre zu schätzen! Schließlich müssen Sie durch ein reichliches und abwechslungsreiches Futterangebot dafür sorgen, dass Ihre Vögel in Brutstimmung kommen. Grünfutter, halbreife Grassamen und die Zufütterung von etwas tierischem Eiweiß wirken Wunder!

Vorbereitungen

Haben sich ein oder mehrere Paare zusammengefunden, sollten Sie rasch einen Zuchtkäfig oder eine Zuchtvoliere einrichten oder die vorhandene Unterbringungsmöglichkeit „nachrüsten". Besonders wichtig ist, dass Sie in den Randbereichen mit verzweigten Ästen, Kiefernzweigen, Schilf- und Grasbüscheln und ähnlichem Material viele Versteckmöglichkeiten schaffen, denn während der Brutzeit

haben viele Prachtfinken ein ausgeprägtes Bedürfnis nach Sicherheit. Viele Arten bevorzugen es außerdem, im dichten Gestrüpp ein frei stehendes Nest zu errichten.

Sie sollten Ihre Zuchtvoliere aber auch mit künstlichen Nisthilfen ausstatten. Der Fachhandel bietet für Prachtfinken geeignete Halbhöhlen aus Naturstämmen oder Holzbrettchen, Nisthöhlen aus Korkeichenrinde, geflochtene Körbchen aus Weide oder Peddigrohr, Kokosnussschalen, Blumentöpfe aus Ton oder für manche Arten auch die üblichen Wellensittichkästen im Querformat. Was letztendlich akzeptiert wird, entscheiden die Vögel selbst. Dabei sollten Sie beachten, dass der Innendurchmesser der Nisthilfe selbst für die kleinsten Arten nicht weniger als etwa zwölf Zentimeter betragen darf. Schließlich muss auch nach dem Innenausbau noch genügend Platz für vielleicht fünf oder sechs Jungvögel bleiben.

Wichtig

Hängen Sie immer einige Nisthilfen mehr auf, als Brutpaare in der Voliere sind. So haben auch unterlegene Vögel die Chance, unter mehreren Brutmöglichkeiten auszuwählen.

Bei einer Gemeinschaftshaltung von mehreren Brutpaaren sollten Sie alle Vögel gleichzeitig einsetzen. Sie verhindern damit, dass sich alteingesessene Volierenbewohner gegenüber Neulingen einen „Heimvorteil" erarbeiten können. Unbedingt vermeiden sollten Sie auch, unverpaarte Einzelvögel in der Zuchtvoliere zu halten. In ihrem Bemühen, doch noch einen Partner zu finden, können diese eine ständige Quelle der Unruhe darstellen. Anlass zu Streitereien kann

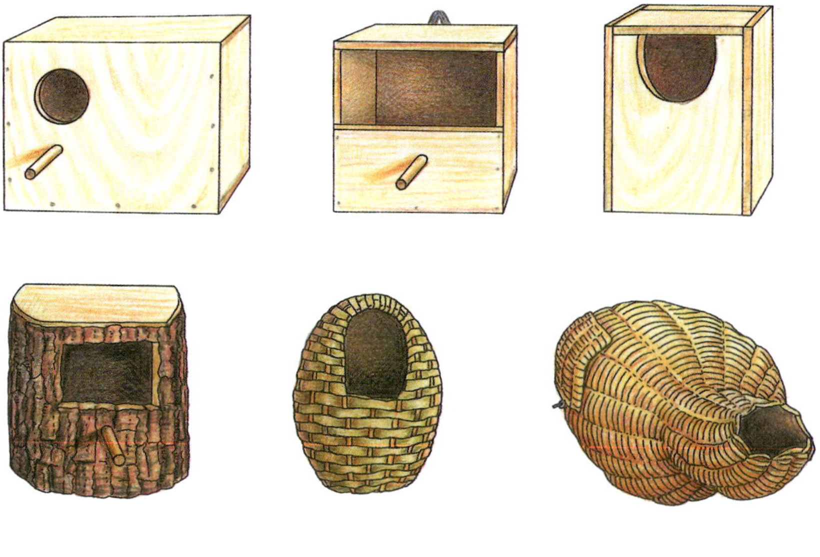

Ein ausreichendes Angebot an künstlichen Nisthilfen ist die Voraussetzung für eine gelungene Nachzucht.

aber auch ein unzureichendes Angebot an Nistmaterial geben. Prachtfinken sind nicht wählerisch und verbauen trockene Grashalme, kleine Wurzeln, Kokos- und Sisalfasern, Hanf- und Baumwollfäden und überhaupt alles, was sich transportieren lässt. Als Polstermaterial verwenden viele Arten mit Vorliebe helle Tierhaare oder Vogelfedern. Entscheidend ist, dass immer genügend Material zur Verfügung steht, sonst vergreifen sich die Vögel an den halbfertigen Nestern ihrer Mitbewohner.

Trotz der verlockenden Nisthöhle hat hier ein Prachtfinkenpaar sein Nest Marke Eigenbau daneben gestellt.

Der Brutablauf

Sind Ihre Prachtfinken erst einmal mit Nestbau, Eiablage, Brut und Aufzucht ihrer Jungen beschäftigt, sollten Sie sich in die Rolle eines stillen Beobachters zurückziehen, der mehrmals täglich Aufzuchtfutter anbietet und gelegentlich Nistmaterial nachfüllt. Beschränken Sie Reinigungsarbeiten jetzt auf ein Mindestmaß und lassen Sie den Dingen einfach ihren Lauf.

Hinweis

Beginnen Sie bereits am Anfang der Brutzeit, Ihre Zuchtvögel an ein geeignetes Aufzuchtfutter zu gewöhnen: Nichts ist nervenaufreibender, als irritierte Prachtfinkeneltern unschlüssig vor einer gefüllten Futterschale sitzen zu sehen, während im Nest hungrige Jungvögel warten.

Die Entwicklung junger Gouldamadinen vom frisch geschlüpften Nestling bis zum vollständig befiederten Jungvogel (siehe Foto Seite 53) dauert ungefähr drei Wochen.

Der Brutzyklus der Prachtfinken im Telegrammstil:

- Prachtfinkennester sind kugel- oder birnenförmig mit seitlichem Einschlupfloch und werden von beiden Elternteilen gemeinsam gebaut.
- Das Gelege besteht aus vier bis sechs weißen Eiern, die von beiden Eltern abwechselnd bebrütet werden.
- Die Brutdauer beträgt etwa vierzehn Tage.
- Frisch geschlüpfte Prachtfinken sind nackt oder von weißlich grauen Dunen bedeckt. Sie besitzen eine komplizierte Rachenzeichnung, die bei den Altvögeln den Fütterungstrieb auslöst.
- Junge Prachtfinken verlassen im Alter von etwa drei Wochen das Brutnest. Sie besitzen zu diesem Zeitpunkt ein besonderes Jugendgefieder.
- Etwa zwei bis drei Wochen später sind die Jungvögel selbstständig und beginnen bald danach, sich umzufärben.
- Mit fünf bis sechs Monaten ist die Jugendmauser meist abgeschlossen und die jungen Prachtfinken sind geschlechtsreif.

Wichtig

Früher oder später werden Sie zumindest einen Teil Ihrer Nachzuchten an andere Prachtfinkenhalter abgeben müssen. Tun Sie das aber nicht, bevor die Vögel ihre Jugendmauser hinter sich haben. Viele Prachtfinken reagieren gerade in dieser Entwicklungsphase ziemlich empfindlich auf Veränderungen.

Nachzucht gelungen – und was dann?

Wenn Sie die oben beschriebenen Spielregeln einhalten, sind die Chancen gut, dass Sie sich in die große Schar erfolgreicher Prachtfinkenzüchter einreihen können. Selbst wenn Sie dann nur mit einem einzigen Paar gezüchtet haben, besitzen Sie nun plötzlich sechs, sieben oder acht Prachtfinken. Vielleicht ist Ihr Zuchtpaar schon mit dem nächsten Gelege beschäftigt, noch bevor die Jungvögel der ersten Brut richtig selbstständig sind. Egal wie zahlreich der Kindersegen ausfällt, Sie werden eine weitere Unterbringungsmöglichkeit, meist einen geräumigen Flugkäfig oder eine größere Zimmer- oder Gartenvoliere bereitstellen müssen.

Hat ein Prachtfinkenpaar drei oder maximal vier Bruten hintereinander aufgezogen, wird es allerhöchste Zeit, den Vögeln eine mehrmonatige Brutpause zu verordnen. Meist erreichen Sie dies schon, indem Sie alle Nistgelegenheiten entfernen und das Angebot an „treibenden" Futterstoffen (wie tierisches Eiweiß) reduzieren. Sonst bleibt nur eine zeitweise Trennung der Partner außer Sicht- und Rufweite. Um diesen doch recht drastischen Eingriff in das Familienleben Ihrer Prachtfinken für alle Beteiligten erträglicher zu gestalten, hat es sich bewährt, die Altvögel mit jeweils gleichgeschlechtlichen Jungvögeln aus den vorangegangenen Bruten zu vergesellschaften.

Gesundheit

Rechte Seite: Die besten Vorbeugungsmaßnahmen gegen Krankheiten bei Prachtfinken sind eine artgerechte Unterbringung und eine ausgewogene Ernährung.

Sorgfältige Eingewöhnung, artgerechte Unterbringung und eine ausgewogene Ernährung vorausgesetzt, sind Prachtfinken gegenüber Erkrankungen recht wenig empfindlich. Trotzdem sollten Sie Gesundheitsprobleme sofort erkennen und gegebenenfalls erste Hilfe leisten können. Die genaue Diagnose und die Behandlung durch einen erfahrenen Tierarzt können diese Maßnahmen natürlich nicht ersetzen.

Krankheitssymptome erkennen

Die Kriterien, die bei der Auswahl gesunder Vögel zu Kauf zu beachten sind, gelten natürlich auch für Prachtfinken, die sich schon seit längerer Zeit in Ihrer Obhut befinden. Ein Vogel, der nicht hundertprozentig fit ist, trägt sein Gefieder meist leicht gesträubt, lässt die Flügel hängen und hält die Augen nur schlitzförmig geöffnet oder ganz geschlossen. Er atmet schwer und unter Umständen stoßweise. Die Phasen der Aktivität sind verkürzt und von längeren Ruhepausen unterbrochen, in denen er die Nähe seiner Artgenossen sucht. Manchmal erscheinen seine Bewegungen unbeholfen und taumelig. Beim Fressen wirkt ein kranker Vogel oft unentschlossen und braucht sehr lange, um ein Korn zu enthülsen und abzuschlucken.

Achtung

Deuten eines oder mehrere dieser Symptome auf ein gesundheitliches Problem hin, sollten Sie den betreffenden Vogel sofort aus der Volieren- oder Käfiggemeinschaft herausnehmen.

Ein kranker Vogel zeigt durch seine Haltung, sein Gefieder und den Mangel an Aktivität, dass er sich nicht wohl fühlt.

Wichtige Anhaltspunkte liefern die Art und Weise des Kotabsetzens und auch die Konsistenz und Farbe des Kotes selbst. Wippende Bewegungen beim Kotabsatz und verunreinigte Federn in der Umgebung der Kloake sind immer ein Warnzeichen. Der Kot unterscheidet sich häufig deutlich von den „Zwei-Komponenten-Ausscheidungen“ mit weißem Harnsäureanteil und grünlich-braunen, unverdaulichen Nahrungsresten gesunder Vögel. Je nach Art und Schwere der Erkrankung kann er wässerig oder schaumig und gelblich, bräunlich-schwarz oder auch grün gefärbt sein.

Sofortmaßnahmen im Notfall

Nachdem Sie den gefiederten Patienten noch auf seinen Ernährungszustand hin untersucht haben (siehe Seite 24), setzen Sie ihn in einen Krankenkäfig, also einen mittelgroßen, nur an der Vorderseite offenen Kistenkäfig.

Die Ausstattung soll so einfach wie möglich sein: einige Sitzstangen, Futter- und Wasserschalen sowie Zeitungspapier als Bodenbelag. Wichtigstes Zubehör ist ein Infrarotstrahler, der so vor dem Käfig platziert wird, dass eine Sitzstange in seinem Strahlungsbereich liegt. Die Temperatur sollte ganz vorne etwa 35 °C betragen. Stellen Sie den Krankenkäfig in einen ruhigen, gut belüfteten Raum, außer Sicht- und Rufkontakt zu Ihren übrigen Vögeln. Andernfalls würde der isolierte Patient ständig versuchen, zurück zu seinen Artgenossen zu gelangen und so womöglich wichtige Energiereserven aufbrauchen.

Die wichtigste Sofortmaßnahme bei einem erkrankten Vogel ist die Unterbringung in einem speziell ausgestatteten Krankenkäfig.

Schwerer verdauliche Nahrung wie Grünfutter und Obst sollten Sie vorsichtshalber vom Speiseplan streichen. Kleinere Gaben von so genannter Vogelkohle wirken stabilisierend auf den Verdauungstrakt. Leider absorbiert die Kohle neben Schadstoffen aber auch wertvolle Nährstoffe und Vitamine, so dass nach einer maximal dreitägigen Kohletherapie eine Kur mit einem Multivitaminpräparat empfohlen ist. Versuchen Sie schließlich, so schnell wie möglich eine frische Kotprobe zu sammeln und zu Ihrem Tierarzt zu bringen. Gezielte Therapieversuche sollten Sie oder Ihr Tierarzt erst beginnen, wenn eine Krankheitsdiagnose vorliegt.

Ein geeignetes **Diätfutter** besteht aus der üblichen trockenen Körnermischung, aus Kolbenhirse und eventuell aus einigen überbrühten und zerschnittenen Mehlkäferlarven. Zum Trinken können Sie einen dünnen Kamillentee anbieten.

Die häufigsten Gesundheitsprobleme

Übermäßiges Krallen- und Schnabelwachstum

Manchmal lässt sich dieses Problem auch durch eine noch so gute Ausstattung der Voliere nicht vermeiden. Beobachten Sie deshalb den Zustand der Krallen vor allem bei Schilf bewohnenden Prachtfinkenarten ganz genau. Bei Bedarf können Sie diese am besten mit einer Nagelschere für Babys zurückschneiden. Achten Sie aber darauf, stets ein bis zwei Millimeter vor dem lebenden Gewebe zu schneiden. Die richtige Lage des Schnitts können Sie am einfachsten feststellen, indem Sie den Fuß des Vogels gegen eine starke Lichtquelle halten.

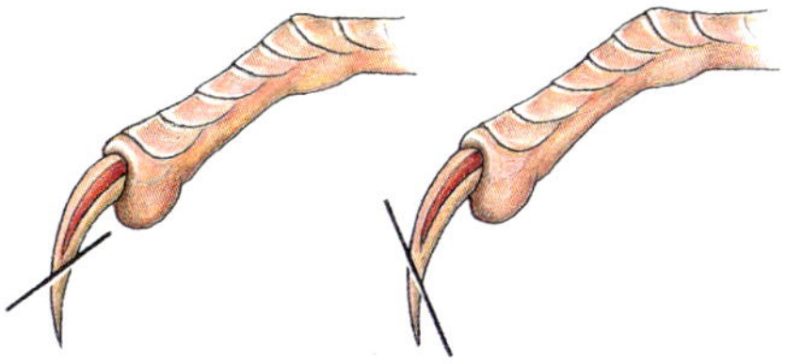

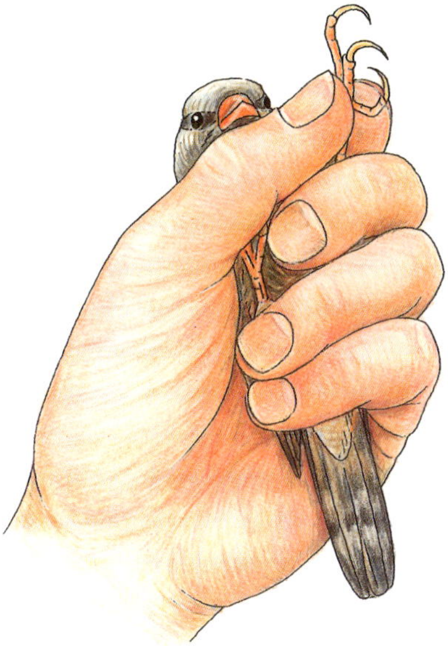

So halten Sie den Vogel richtig, wenn Sie die Krallen zurückschneiden müssen.

Verletzungen und Knochenbrüche

Oberflächliche Verletzungen der Haut und der Muskulatur sind fast immer harmlos und heilen ab. Lediglich größere Platzwunden in der Kopfhaut müssen vom Tierarzt genäht werden. Ebenfalls nicht besonders ernst sind Verletzungen wachsender Federn im so genannten Blutkielstadium. Starke Blutungen können Sie mit Eisenchloridwatte zum Stillstand bringen. Hängt ein Bein oder ein Flügel des Vogels schlaff herunter, besteht der Verdacht auf eine Fraktur. Ist der Bruch glatt und nicht offen, sind auch hier die Heilungschancen sehr gut. Versuchen Sie, das gebrochene Bein oder den Flügel durch eine Schiene aus einem Strohhalm oder Streichholz zu stabilisieren oder durch Hochbinden mit schmalen Leukoplaststreifen in normaler Position zu fixieren. Trauen Sie sich das selbst nicht zu, gehen Sie zum Tierarzt. Auch wenn der gebrochene Knochen manchmal nicht hundertprozentig gerade verheilt: Fit genug für ein Leben in der Voliere wird der verletzte Vogel allemal wieder.

Legenot

Der Begriff bezeichnet die Unfähigkeit eines weiblichen Vogels, ein legereifes Ei aus der Kloake auszutreiben. Die Ursache dafür kann ein so genanntes Windei sein, also ein Ei ohne feste Kalkschale. Bei Kontraktionen der Kloakenmuskulatur gibt das weiche, verformbare Ei einfach nach, anstatt vorwärts geschoben zu werden. Auch eine Schwächung der Legemuskeln durch zu häufiges Eierlegen oder eine Verkrampfung aufgrund eines plötzlichen Temperatursturzes können zu Legenot führen. Im akuten Fall muß schnell gehandelt werden. Findet man einen Vogel mit offensichtlicher Legenot vor, hilft in manchen Fällen die Unterbringung in einem warmen Krankenkäfig bei hoher Luftfeuchtigkeit. Führt dies nicht innerhalb weniger Stunden zum Erfolg, bleibt als letzter Versuch nur noch, das Ei in der Kloake anzustechen und den Inhalt abzusaugen. Dies ist nicht ohne Risiko, deshalb sollten Sie es dem Tierarzt überlassen.

Die beste Maßnahme gegen Legenot sind die Vorbeugung durch eine ausreichende Versorgung mit Mineralstoffen, maximal drei bis vier Bruten pro Jahr und keine abrupten Temperaturschwankungen.

Mangelerscheinungen

Die wohl bekannteste Mangelkrankheit ist die Rachitis. Vitamin D-Mangel und zu wenig kurzwellige UV-Strahlung zusammen mit einer Unterversorgung an Kalk führen dazu, dass zu wenig Kalzium in das Skelett der Jungvögel eingelagert wird. Die Knochen bleiben weich, halten keiner Belastung stand und sind schließlich im ausgewachsenen Zustand stark verformt. Eine voll ausgebildete Rachitis ist nicht mehr heilbar. Wenn Sie beim Auftreten erster Anzeichen sofort durch höhere Gaben eines Kalkpräparates reagieren, lässt sich das Schlimmste noch verhüten. Zu den Mangelkrankheiten gehört auch die so genannte Drehkrankheit oder Taumelsucht. Eine Unterversorgung mit Vitaminen des B-Komplexes und/oder mit Vitamin E führt zu Gleichgewichtsproblemen und Störungen der Bewegungskoordination bis hin zu krampfartigen Anfällen mit Todesfolge. Je eher die Symptome erkannt und durch direkte Gaben von Vitamin B und E therapiert werden, desto besser sind die Chancen auf eine völlige Wiederherstellung. Ist das Nervengewebe dauerhaft geschädigt, sind Behandlungsversuche aussichtslos.

Äußere und innere Parasiten

Wie alle Lebewesen können auch Prachtfinken eine ganze Reihe von ungebetenen Gästen beherbergen. Je nachdem, ob diese außen am Vogelkörper oder irgendwo in seinen inneren Organen leben, spricht man von Ekto- beziehungsweise Endoparasiten.

Zu den verbreitetsten äußeren Vogelparasiten gehören die **Federlinge**. Sie bewohnen bestimmte Gefiederpartien, vor allem unter den Flügeln, und ernähren sich dort von mikroskopisch kleinen Hornteilchen und Hautschuppen. Wesentlich gefährlicher als die bei normaler Befallsdichte relativ harmlosen Federlinge können **Rote Vogelmilben** werden. Sie leben tagsüber in einem Versteck und fallen nur bei Dunkelheit über ihre schlafenden Opfer her um deren Blut zu saugen. Bei massenhaftem Auftreten werden befallene Vögel schwächer und anfälliger gegen alle Arten von Infektionen und können sogar sterben. Sind Ihre Prachtfinken ohne ersichtlichen Grund nachts häufig

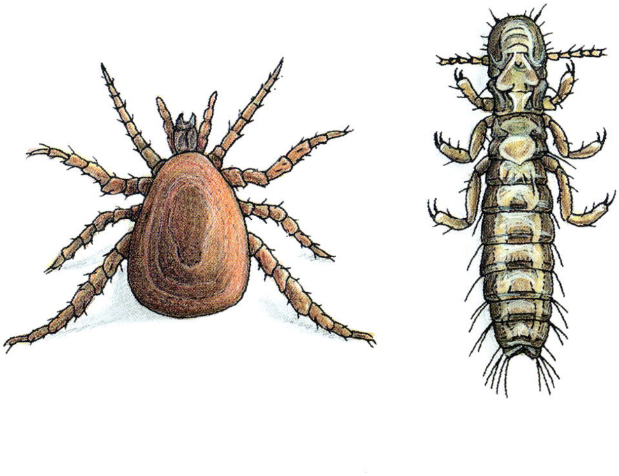

Rote Vogelmilben (links) und Federlinge (rechts) gehören zu den häufigsten äußeren Parasiten aller Heimvögel.

unruhig, besteht immer die Möglichkeit, dass Rote Vogelmilben schuld daran sind. Die Bekämpfung von Federlingen und Roten Vogelmilben ist mit Kontaktinsektiziden möglich. Sie müssen aber gleichzeitig den Käfig oder die Voliere komplett ausräumen, leicht ersetzbare Einrichtungsgegenstände ganz vernichten und den Rest einer gründlichen Reinigung und Insektizidbehandlung unterziehen. Um einiges schwieriger ist ein wirksames Vorgehen gegen **Grabmilben**, die in den oberen Hornschichten der Haut leben, oder gegen **Luftsackmilben**. In beiden Fällen sollten Sie eine Behandlung nach den Anweisungen Ihres Tierarztes durchführen.

TIPP

Zum Nachweis von Roten Vogelmilben nehmen Sie eine Sitzstange oder ein Nistkörbchen und klopfen diese über einem weißen Tuch oder einem Blatt Papier aus. Die Milben sind als winzige, rotbraune Punkte auch mit bloßem Auge gut zu erkennen.

An inneren Parasiten wären in erster Linie die so genannten **Kokzidien**, kleine einzellige Organismen, zu nennen. Sie leben im Darm und führen zu durchfallartigen Erkrankungen, massiven Entzündungen und im Extremfall zum Tod durch starken Gewichtsverlust. Der Nachweis gelingt durch eine mikroskopische Kotuntersuchung bei Ihrem Tierarzt. Zur Behandlung stehen eine ganze Reihe von Präparaten auf Sulfomamidbasis zur Verfügung.

Bakterielle Infektionen

Von den Symptomen her ganz ähnlich wie eine Kokzidiose verlaufen verschiedene bakterielle Infektionen des Verdauungstrakts. Am bekanntesten und häufigsten dürfte die Infektion mit verschiedenen Salmonellentypen sein. Eine **Salmonellose** ist auch für Menschen nicht ganz ungefährlich. Vorsichtshalber sollten Sie bei der Betreuung von erkrankten Vögeln peinlich genau auf Hygiene achten. Der Nachweis und vor allem die Typisierung einer Salmonelleninfektion sind nicht ganz einfach und gelingen nur in einem speziell ausgerüsteten Labor. Meist wird gleichzeitig ein so genannter Resistenztest durchgeführt, der zeigt, gegen welche Antibiotika der betreffende Salmonellenstamm empfindlich ist.

Pilzbefall

Im Gegensatz zu Frucht und Nektar fressenden Kleinvögeln leiden Prachtfinken so gut wie nie unter einem Hefepilzbefall des Rachenraums. Sollte es doch einmal passieren, bringt ein mehrmaliges Einpinseln der betroffenen Stellen mit einem Pilzmittel rasch Erleichterung. Eine Pilzerkrankung der Atmungsorgane oder des Luftsacksystems ist ebenfalls selten und eigentlich nur bei einer Langzeitanwendung von Antibiotika zu beobachten. Wenn sie aber doch einmal auftritt, ist die nach dem betreffenden Pilz benannte **Aspergillose** eine lebensbedrohliche Angelegenheit. Einmal befallene Bereiche der Lunge und der Luftsäcke sind für immer geschädigt. Ein Einsatz von Medikamenten scheitert oft daran, dass es beinahe unmöglich ist, alle betroffenen Teile der Atmungsorgane oder des Luftsacksystems zu erreichen.

Viruserkrankungen

Viren sind die verbreitetsten Krankheitserreger überhaupt. Zu den besonders gefährlichen Typen gehören die **Herpesviren**, die für viele scheinbar unerklärliche Verluste bei Kleinvögeln verantwortlich sein dürften. Aufgrund ihres völlig anderen Aufbaus sind Viren ziemlich unempfindlich gegenüber Antibiotika. Als Therapieansatz bleibt häufig nur eine Stimulation des körpereigenen Abwehrsystems durch so genannte Paramunitätsinducer. Wenn zusätzlich vom Tierarzt Antibiotika verordnet werden, soll damit ein Schutz des angeschlagenen Vogels vor bakteriellen Sekundärinfektionen erreicht werden.
Eine besondere Erregergruppe bilden schließlich die so genannten **Chlamydien**. Sie sind gewissermaßen ein „Mittelding“ zwischen Viren und Bakterien und lassen sich deshalb mit bestimmten Antibiotika eher in den Griff bekommen. Wie bakterielle sind auch Virusinfektionen ein Problem, dessen Behandlung ausschließlich in die Hände eines erfahrenen Tierarztes gehört.

Ausgewählte Prachtfinkenarten

Rechte Seite: Rotköpfige Papageiamadinen.

Prachtfinken sind ein Thema mit 131 Variationen. Einige Arten werden nur sehr selten oder überhaupt nicht gehalten oder gezüchtet. Die auf den folgenden Seiten kurz vorgestellten Prachtfinkenarten werden Ihnen dagegen regelmäßig in den Verkaufsanlagen des Zoofachhandels oder in Abgabeanzeigen von Züchtern begegnen.

Einige Worte vorab

Eine vollständige Übersicht über alle 131 Prachtfinkenarten zu präsentieren und dabei alle Aspekte ihrer Haltung und Nachzucht anzusprechen, ist unmöglich. Vorgestellt werden soll lediglich eine Auswahl von 25 zurzeit häufiger angebotenen Arten in stichwortartigen Kurzporträts.

Nicht alle davon kommen für Anfänger wirklich in Frage. Zur ersten Orientierung finden Sie innerhalb einer jeden Artbeschreibung eine Empfehlung, die Ihnen sagt, wie gut (oder auch wie schlecht) sich die betreffende Art **als Anfängervogel** eignet. Die einzelnen Empfehlungen lauten und bedeuten:

- **Hervorragend geeignet:** Selbst wenn Sie ein absoluter Neuling in Sachen Vogelhaltung sind, sollten Sie mit diesen Arten bestens zurechtkommen und Ihre ersten Erfolgserlebnisse auf dem Gebiet der Prachtfinkenliebhaberei verbuchen können.
- **Gut geeignet:** Sie haben sich anhand der reichlich angebotenen Literatur und durch dieses Buch theoretisch vorgebildet. Etwas praktische Erfahrung im Umgang mit Vögeln haben Sie durch die Urlaubsbetreuung des Wellensittichs Ihrer Schwiegermutter erworben. Unter diesen Vorzeichen können Sie sich an die Haltung der so gekennzeichneten Arten wagen.
- **Bedingt geeignet:** An Arten dieser Kategorie können Sie sich versuchen, wenn Sie Ihre ersten „vogelpflegerischen Gehversuche" mit domestizierten oder einfach zu pflegenden wild lebenden Arten erfolgreich absolviert haben.
- **Eher nicht geeignet:** Prachtfinken, die in diese Kategorie fallen, stellen schon erhebliche Anforderungen an Ihr vogelpflegerisches Können. Als Neuling sollten Sie sich die Anschaffung dieser Arten

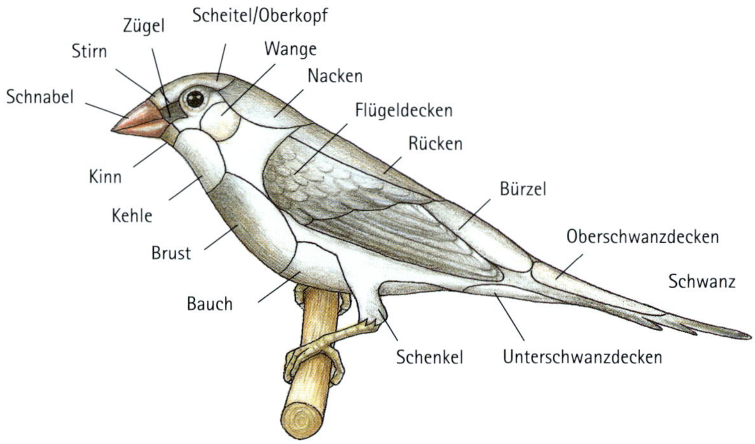

Schematische Darstellung der wichtigsten Körperteile und Gefiederpartien bei Vögeln.

erst einmal verkneifen, auch wenn es Ihnen unter Umständen schwer fallen mag.

Absolut ungeeignet: Einige Prachtfinkenarten – leider auch solche, die im Moment ziemlich häufig im Handel angeboten werden – gehören keinesfalls in die Hände von Anfängern. Ihre Haltung und Zucht sollten Sie den erfahrenen Profis unter den Vogelliebhabern überlassen. Oder Sie warten, bis Sie selbst einer geworden sind . . .

Solche Einstufungen sind natürlich immer subjektiv und zum Teil durch eigene Erfahrungen entstanden. Trotzdem sollten Sie sich im Zweifelsfall danach richten. Beachten Sie bitte auch, dass sich alle Empfehlungen ausschließlich auf den Schwierigkeitsgrad der Haltung beziehen. Oft bereitet es keine Probleme, eine bestimmte Prachtfinkenart lange Zeit erfolgreich zu pflegen. Die Nachzucht kann trotzdem recht schwierig sein.

Die domestizierten Arten

Unter Domestikation versteht man die zielgerichtete, züchterische Veränderung von wild lebenden Tierarten durch den Menschen. Verändert werden dabei sowohl körperliche Merkmale als auch Verhaltensweisen. Endprodukte des Domestikationsprozesses sind Haustiere, die oft in vielen verschiedenen Rassen gezüchtet werden und manchmal mit ihren wilden Stammformen nicht mehr viel gemeinsam haben. Klassische Beispiele für Haustierformen unter den Vögeln sind die verschiedenen Hühner-, Enten- und Gänserassen. Aber auch vor einigen Kleinvögeln hat das Bestreben des Menschen nach Veränderung nicht Halt gemacht. Neben Wellensittichen und Kanarienvögeln können heute wenigstens drei Prachtfinkenarten als vollständig domestiziert gelten.

Zebrafink *(Taeniopygia guttata)* 10 Jahre

Kennzeichen: Länge 11 cm. Schnabel und Beine rot. Männchen mit schwarzweißen Bartstrichen, orangebraunen Wangenflecken, breitem schwarzem Brustband und rotbraunen, weißgetupften Flankenbändern. Namensgebend sind die schwarzweiße Querstreifung von Kinn, Kehle und Brust und die ebenso quergebänderten Oberschwanzdecken. Weibchen bis auf Bartstriche und Oberschwanzdecken unterschiedlich grau gefärbt. Neben wildfarbenen Vögeln gibt es viele abweichend gefärbte Zuchtformen.
Verbreitung und Lebensraum: Fast ganz Australien und Kleine Sundainseln. Zebrafinken bewohnen sowohl Trockengebiete im Inneren des fünften Kontinents, als auch Kulturland in den Küstenregionen.
Unterbringung, Ernährung und Zucht: Zebrafinken lassen sich in Flugkäfigen wie in allen Arten von Volieren leicht halten und sowohl bei paarweiser Haltung wie im Schwarm gut nachzüchten. Als Futter genügen eine übliche Körnermischung trocken und gekeimt, viel Grünes und etwas Eifuttergemisch zur Jungenaufzucht.

Empfehlung: Für Anfänger hervorragend geeignet.
Besonderheiten: Zebrafinken sind ein klassisches Studienobjekt der Verhaltensforschung und gehören heute zu den am besten untersuchten Vogelarten überhaupt. Ihr zutrauliches, munteres Wesen und interessante Verhaltensweisen machen ihre Haltung auch für größere Kinder empfehlenswert. Zebrafinken werden heute in vielen verschiedenen Farbschlägen gehalten und auf Ausstellungen bewertet. Diese so genannten Schauzebrafinken sind größer und massiger als der ursprüngliche Wildvogel.

Japanisches Mövchen
(Lonchura striata var. *domestica)*

Kennzeichen: Länge 12 cm. Oberschnabel schwarz, Unterschnabel hell blaugrau, Beine dunkel graubraun. Kopfseiten und Kehle schwarzbraun, Brust, Hals und gesamte Oberseite dunkelbraun. Unterer Brustbereich und Bauch hell cremefarben mit ausgeprägter Schuppenzeichnung. Männchen und Weibchen sind gleich gefärbt. Neben der wildfarbenen Variante gibt es Mövchen in allen Braun- und Grautönen, mit weißer Scheckenzeichnung oder sogar in ganz Weiß.
Verbreitung und Lebensraum: Süd- und Südostasien. Die wilde Stammform, das Spitzschwanzbronzemännchen, bewohnt Waldränder, Feldgehölze, Parklandschaften und Gärten.
Unterbringung, Ernährung und Zucht: In jeder Beziehung die anspruchslosesten Prachtfinken. Mövchen fühlen sich im Käfig ebenso wohl wie in kleineren Volieren. Selbst zur Jungenaufzucht wird nur ganz wenig tierische Kost in Form von Eifutter benötigt.
Empfehlung: Für Anfänger hervorragend geeignet.
Besonderheiten: Japanische Mövchen wurden vor mehreren Jahrhunderten in China und Japan domestiziert und in gescheckt oder weiß gezüchtet. Einfarbige Mövchen wurden erst vor wenigen Jahrzehnten in Europa durch Einkreuzung von verwandten Prachtfinkenarten herausgezüchtet. Man kann deshalb mit Recht von einer „synthetischen Art“ sprechen. Wegen ihres ausgeprägten Bruttriebs wurden Mövchen früher häufig als Ammenvögel für schwieriger zu züchtende Prachtfinken verwendet. Da die so aufgewachsenen Jungvögel auf ihre Zieheltern geprägt und für die Weiterzucht nur eingeschränkt ver-

wendbar sind, wird diese Zuchtmethode von verantwortungsvollen Liebhabern seit langem abgelehnt. Heute züchtet man Mövchen hauptsächlich zu Ausstellungszwecken.

Reisfink *(Padda oryzivora)*

Kennzeichen: Länge 14 cm. Schnabel, Augenumgebung und Beine rot oder intensiv rosa. Kopf, Bürzel und Schwanz schwarz. Oberseite und Brust blaugrau, Bauchregion rötlich grau. Auffälligstes Merkmal sind die leuchtend weißen Wangenflecken. Männchen und Weibchen sind gleich gefärbt. Wie bei allen domestizierten Arten gibt es auch beim Reisfink verschiedene Farbschläge.
Verbreitung und Lebensraum: Java und Bali. Reisfinken bewohnen mit Vorliebe Kulturland und brüten selbst in menschlicher Siedlungen.
Unterbringung, Ernährung und Zucht: Wegen ihrer Größe sind Reisfinken am besten in einer Voliere zu halten. Die Nachzucht speziell der wildfarbigen Form gelingt nicht ganz so leicht wie die der anderen domestizierten Prachtfinkenarten. Als Futter werden größere Hirsesorten, ungeschälter Reis und Grünfutter bevorzugt. Zur Jungenaufzucht ist neben Eifutter auch anderes tierisches Futter notwendig.

Empfehlung: Für Anfänger gut geeignet.
Besonderheiten: Ursprünglich nur auf Java und Bali beheimatet, wurden Reisfinken durch den Menschen in ganz Südostasien und in vielen anderen Teilen der Welt eingebürgert. In ihrer Heimat scheinen die Bestände in den letzten Jahren stark zurückzugehen.

Weitere häufig angebotene Arten

Die folgenden Prachtfinkenarten gelten nicht als domestiziert, werden aber als Vögel, die in Menschenobhut gehalten und meist auch gezüchtet werden können, regelmäßig angeboten.

Bandfink *(Amadina fasciata)*

Kennzeichen: Länge 12,5 cm. Schnabel und Beine hell fleischfarben. Gefieder in verschiedenen Braun- und Grautönen mit besonders auf Kopf und Rücken ausgeprägter dunkler Querbänderung. Kastanienbrauner Bauchfleck. Auffälligstes Merkmal ist ein blutrotes Band um die Kehle bis in die Wangenregion. Weibchen besitzen weder dieses Kehlband noch einen Bauchfleck.
Verbreitung und Lebensraum: Afrika südlich der Sahara bis Zimbabwe und Botswana. Bandfinken bewohnen trockene Baum- und Dornbuschsavannen.
Unterbringung, Ernährung und Zucht: In größeren Käfigen oder in einer Voliere untergebracht sind Bandfinken außerhalb der Brutzeit ziemlich friedlich. In Brutstimmung können sie jedoch recht aggressiv gegenüber Mitbewohnern werden. Zur Zucht ist deshalb eine paarweise Haltung in einer extra Voliere ratsam. Während die Haltung an sich recht einfach ist, gelingt die Nachzucht oft erst nach mehreren Anläufen. Voraussetzung dafür scheint unter anderem ein reichhaltiges Angebot an tierischer Kost zu sein.
Empfehlung: Für Anfänger gut geeignet.
Besonderheiten: Mehr als andere Prachtfinken scheinen Bandfinken anfällig für Legenot zu sein. Bei Zuchtpaaren sollte deshalb auf eine vitamin- und mineralstoffreiche Ernährung geachtet werden.
Ähnliche Arten: Die 14 cm lange Rotkopfamadine (*Amadina erythrocephala*) bewohnt die Trockengebiete Südafrikas und findet selbst in der Kalahari ausreichende Lebensbedingungen. Zum Brüten benutzen Rotkopfamadinen häufig nicht besetzte Nestkammern in den riesigen Gemeinschaftsnestern der Siedelweber (*Philetairus socius*).

Buntastrild *(Pytilia melba)*

Kennzeichen: Länge 13 cm. Schnabel und Beine rot oder rötlich braun. Stirn und Kehle rot, übriges Kopfgefieder grünlich. Brust und Unterhals olivgelb, restliche Unterseite weißlich und dunkeloliv quergebändert. Oberseite bis auf den roten Bürzel und die rötlichen Oberschwanzdecken ebenfalls olivgrün. Weibchen ähnlich wie Männchen, aber ohne die roten Abzeichen am Kopf und die olivgelbe Brust.
Verbreitung und Lebensraum: Ganz Afrika südlich der Sahara. Bevorzugter Aufenthaltsort sind lichte Dornbuschsavannen.
Unterbringung, Ernährung und Zucht: Buntastrilde sind leider manchmal ziemlich rabiat gegenüber ihren Mitbewohnern, vor allem, wenn diese rote Abzeichen am Kopf tragen. Zur Zucht empfiehlt sich deshalb eine paarweise Unterbringung in einer Voliere mit vielen Versteckmöglichkeiten. Wie der spitze, pinzettenartige Schnabel vermuten lässt, ernähren sich Buntastrilde überwiegend von kleinen, halbreifen Sämereien und von Insekten und Spinnentieren. Ohne reiches Angebot dieser Futterstoffe wird die Nachzucht kaum gelingen.
Empfehlung: Für Anfänger eher nicht geeignet.
Besonderheiten: Innerhalb seines riesigen Verbreitungsgebiets bildet der Buntastrild viele Rassen. Die Art ist der Wirtsvogel der Paradieswitwe (*Steganura paradisea*).
Ähnliche Arten: Wesentlich friedfertiger, dafür aber farblich nicht so ansprechend ist der Auroraastrild (*Pytilia phoenicoptera*), der in einem schmalen Verbreitungsgebiet von Senegal bis Uganda lebt.

Grüner Tropfenastrild *(Mandingoa nitidula)*

Kennzeichen: Länge 10,5 cm. Schnabel schwarz mit roter Spitze, Beine dunkel rötlichgrau. Gesichtsseiten, Kehle, Brust und Bürzelregion je nach Unterart rot oder orange, Oberseite moosgrün. Unterseite schwarzgrau mit vielen kleinen oder größeren weißen Punkten. Beim Weibchen sind die Partien, die beim Männchen rot oder orange sind, rein olivgelb, nur bei einer Unterart sind Zügel, Kinn und Augenumgebung ebenfalls rötlich.

Verbreitung und Lebensraum: Von Sierra Leone bis zum Nordosten der Demokratischen Republik Kongo und nach Uganda. Der Grüne Tropfenastrild bewohnt Lichtungen, Randbereiche von Urwäldern und verwilderte Plantagen.
Unterbringung, Ernährung und Zucht: Ihrem Lebensraum entsprechend, sollten Grüne Tropfenastrilde in Volieren gehalten werden, die dicht mit Pflanzen ausgestattet sind. Als absolut friedfertige Vögel dürfen sie nur mit ebensolchen kleineren Arten vergesellschaftet werden. Um dauerhaft gesund zu bleiben, benötigen sie ein reiches Angebot an lebenden Futtertieren wie Mehlwürmern, Wachsmottenraupen, Ameisenpuppen, Fruchtfliegen etc..
Empfehlung: Für Anfänger absolut ungeeignet.
Besonderheiten: Obwohl Grüne Tropfenastrilde in den letzten Jahren regelmäßig angeboten werden, sind ihre Haltung und vor allem die Nachzucht immer noch recht problematisch. An eine Anschaffung sollten Sie wirklich erst denken, wenn Sie mit weniger empfindlichen Arten ausreichend Erfahrungen gesammelt haben.

Grauastrild *(Estrilda troglodytes)*

Kennzeichen: Länge 10 cm. Schnabel rot, Beine dunkelgrau. Zügel und Augenstreifen ebenfalls rot, ein rosaroter Fleck auf der Bauchmitte. Schwanz und Oberschwanzdecken schwarz. Alle übrigen Gefiederpartien unterschiedlich bräunlich und grau getönt, mit meist deutlicher

Wellenzeichnung. Männchen und Weibchen sind gleich gefärbt.
Verbreitung und Lebensraum: Nördliches tropisches Afrika von Senegal bis Äthiopien und Eritrea, südwärts bis Uganda. Bevorzugter Lebensraum ist dichtes Gebüsch entlang von Straßen und Wasserläufen.
Unterbringung, Ernährung und Zucht: Die Haltung macht weder im Flugkäfig noch in der Voliere besondere Schwierigkeiten. Auch die Vergesellschaftung mit anderen Prachtfinkenarten ist unproblematisch. Außerhalb der Brutzeit benötigen Grauastrilde neben kleinkörnigen Hirsesorten, Kolbenhirse und Grünfutter nur wenig tierische Kost. Um so anspruchsvoller sind sie diesbezüglich während der Brutzeit. Jungvögel werden im Allgemeinen nur großgezogen, wenn ein reiches Angebot an lebenden Futtertieren zur Verfügung steht.
Empfehlung: Für Anfänger bedingt geeignet.
Besonderheiten: Grauastrilde errichten nicht selten auf dem Dach Ihres Brutnestes ein so genanntes Hahnennest. Man nimmt an, dass es Feinde vom darunter liegenden Brutnest ablenken soll.
Ähnliche Arten: Nahe verwandt und in seinen Ansprüchen fast identisch ist der etwas kontrastreicher gefärbte Wellenastrild (*Estrilda astrild*), der praktisch ganz Afrika südlich der Sahara bewohnt und in vielen Ländern der Welt eingebürgert worden ist. Ebenfalls häufig angeboten wird das apart gefärbte Orangebäckchen (*Estrila melpoda*), das von Senegal bis Angola vor allem in höheren Grasdickichten anzutreffen ist.

Senegalamarant *(Lagonosticta senegala)*

Kennzeichen: Länge 9,5 cm. Beine rötlich braun. Schnabel rot, ebenso Kopfbereich und die gesamte Unterseite. Nacken und restliche Oberseite rötlich braun. An den Flanken und Brustseiten viele winzige, weiße Pünktchen, die bei einzelnen Tieren fehlen können. Das Weibchen ist einfarbig braun mit rotem Zügel und Überaugenstreifen.
Verbreitung und Lebensraum: Praktisch ganz Afrika südlich der Sahara. Hinsichtlich ihres Aufenthaltsortes sind Senegalamaranten wenig spezialisiert. Man findet sie in der Dornbuschsavanne ebenso wie an Waldrändern und auch inmitten von menschlichen Siedlungen.
Unterbringung, Ernährung und Zucht: Eine Haltung ist sowohl im Flugkäfig als auch in der Voliere möglich. Später friedlich und unproblematisch, können frisch erworbene Amaranten anfangs recht tem-

peraturempfindlich sein. Die Grundnahrung bilden kleinkörnige Hirsesorten, Kolbenhirse und Grünfutter, zur Brutzeit ergänzt durch Eifutter und verschiedene, lebende Futtertiere. Amaranten sind in der Wahl ihres Aufzuchtfutters aber nicht ganz so anspruchsvoll wie beispielsweise die oben beschriebenen Grauastrilde.
Empfehlung: Für Anfänger bedingt geeignet.
Besonderheiten: Wie kein anderer afrikanischer Prachtfink hat sich der Senegalamarant dem Menschen angeschlossen und brütet regelmäßig an Gebäuden. Senegalamaranten werden von der Atlaswitwe (*Hypochaera chalybeata*) als Wirtsvögel benutzt.
Ähnliche Arten: Es gibt eine ganze Reihe weiterer Amarantenarten in Afrika. Häufiger angeboten werden in letzter Zeit der Dunkelrote Amarant (*Lagogosticta rubricata*) und der Weinrote oder Schwarzkehlamarant (*Lagonosticta vinacea*).

Roter Tropfenastrild *(Hypargos niveoguttatus)*

Kennzeichen: Länge 12,5 cm. Schnabel bläulich, Beine blaugrau. Stirn, Scheitel, Nacken und restliche Oberseite mittelbraun, Bürzel und Oberschwanzdecken rot, Schwanz schwarz. Kopfseiten, Kehle, Hals und Brust rot, restliche Unterseite schwarz mit großen, weißen Tropfenflecken entlang der Flanken. Auffällig ist der hellblaue Lidrand um das Auge. Weibchen wie das Männchen, aber etwas blasser gefärbt, rote Gefiederpartien sind auf Kehlregion und Brust beschränkt.
Verbreitung und Lebensraum: Ostafrika. Rote Tropfenastrilde leben versteckt im dichten Gebüsch entlang von Flussufern und an Waldrändern. Sie halten sich meist in geringer Höhe über dem Erdboden auf.
Unterbringung, Ernährung und Zucht: Als ruhige Vögel können Rote Tropfenastrilde paarweise in einem größeren Flugkäfig gehalten werden, wenn dieser mit genügend Versteckmöglichkeiten ausgestattet ist. In einer Gemeinschaftsvoliere können sie recht aggressiv gegenüber anderen Arten mit roten Gefiederpartien sein, wenn sie einmal in Brutstimmung gekommen sind. Zur Jungenaufzucht sind viel Grünfutter und lebende Insekten notwendig.
Empfehlung: Für Anfänger eher nicht geeignet.
Besonderheiten: Da sich Rote Tropfenastrilde gerne auf dem Erdboden

aufhalten und ausschließlich dort nach Nahrung suchen, sollte das Futter in großen, flachen Schalen auf dem Käfig- oder Volierenboden angeboten werden.

Rotbrustsamenknacker
(Spermophaga haematina)

Kennzeichen: Länge 14 cm. Schnabel bläulich mit roter Spitze, Beine dunkel blaugrau. Kehle und Brust leuchtend rot, übriges Gefieder glänzend schwarz. Im Unterschied zum Männchen sind beim Weibchen auch die Kopfseiten rötlich getönt, alle Farben sind weniger leuchtend. Die gesamte Unterseite ist weiß getupft.
Verbreitung und Lebensraum: Von Senegal und Ghana bis zur Demokratischen Republik Kongo und nach Uganda. Rotbrustsamenknacker bewohnen die dichte Bodenvegetation von Lichtungen, Waldrändern, Sekundärwäldern und verwilderten Plantagen.
Unterbringung, Ernährung und Zucht: Speziell in der Eingewöhnungsphase sind Rotbrustsamenknacker scheu und stürmisch. Sie sollten deshalb möglichst schnell in eine größere, dicht bepflanzte Voliere umgesetzt werden. Anders als ihr kräftiger, kegelförmiger Schnabel vermuten lässt, benötigen sie kleine, weichschalige Sämereien, Grünfutter und ein vielseitiges Angebot an tierischer Kost. Die Nachzucht gelingt nur wenigen, erfahrenen Haltern.
Empfehlung: Für Anfänger absolut ungeeignet.
Besonderheiten: Rotbrustsamenknacker haben eine besondere Vorliebe

für Wasser. In der Voliere sollte man ihrem Badebedürfnis durch mehrmals täglich frisch angebotenes Badewasser nachkommen.

Veilchenastrild *(Granatina ianthinogaster)*

Kennzeichen: Länge 14,5 cm. Schnabel rot, Beine schwarzgrau. Augenumgebung, Kinn und nahezu die gesamte Unterseite violettblau gefleckt. Bürzelregion und Oberschwanzdecken ebenfalls violett, übriges Gefieder rotbraun. Das Weibchen besitzt eine weißliche Augenumgebung, die Unterseite ist mit weißlichen Flecken und Querbändern durchsetzt. Die rotbraunen Gefiederpartien sind etwas heller und weniger leuchtend.
Verbreitung und Lebensweise: Ostafrika von Äthiopien bis Tansania in der lichten Dornbuschsavanne. Auch schmale Gebüschstreifen entlang von Straßen werden gerne bewohnt.
Unterbringung, Ernährung und Zucht: Die Haltung ist im Flugkäfig und in der Voliere möglich. Als Bewohner offener Landschaften benötigen Veilchenastrilde viel Licht und Wärme, am besten in Form von direkter Sonneneinstrahlung. Aggressiv werden sie zur Brutzeit eigentlich nur gegenüber Artgenossen und nahe verwandten Arten wie Schmetterlingsfinken. Wie fast alle Afrikaner benötigen auch Veilchenastrilde einen hohen Anteil an tierischen Futterstoffen, speziell zur Brut und Aufzucht der Jungen.
Empfehlung: Für Anfänger eher nicht geeignet.
Besonderheiten: Der Gesang des Männchens ist für Prachtfinken ungewöhnlich vielseitig und melodisch. Während der Balz trägt es eine kleine Feder als Nistsymbol im Schnabel. Der Veilchenastrild ist der Wirtsvogel der Strohwitwe *(Tetraenura fischeri)*.
Ähnliche Arten: Im südlichen Afrika wird der Veilchenastrild durch den ebenfalls sehr attraktiven, aber noch empfindlicheren Granatastrild (*Granatina granatina*) vertreten.

Schmetterlingsfink *(Uraeginthus bengalus)*

Kennzeichen: Länge 12 cm. Schnabel rötlich mit schwarzer Spitze, Beine fleischfarben. Kopfseiten und Unterseite himmelblau, ebenso Bürzel und Schwanz. Oberseite hellbraun gefärbt. Als besonders auf-

fälliges Merkmal ziert ein leuchtend roter Ohrfleck die Wangenregion. Dem Weibchen fehlt dieser Ohrfleck, die himmelblaue Färbung ist blasser und auf Kopfseiten, Hals und Brust sowie auf Oberschwanzdecken und Schwanzfedern beschränkt.

Verbreitung und Lebensraum: Von Senegal ostwärts bis Äthiopien und Kenia, nach Süden hin bis Angola. Schmetterlingsfinken sind vielseitig in der Wahl ihres Aufenthaltsortes. Man findet sie in der offenen Savanne genau so wie in kleineren Gehölzen, an Waldrändern, in Plantagen und selbst in Gärten.

Unterbringung, Ernährung und Zucht: Einmal gut eingewöhnt sind Schmetterlingsfinken unempfindliche und friedfertige Vögel, die sich sehr gut im Käfig und in der Gemeinschaftsvoliere halten lassen. Zur Aufzucht der Jungen benötigen auch sie ein abwechslungsreiches Angebot an Lebendfutter.

Empfehlung: Für Anfänger bedingt geeignet.

Besonderheiten: Gerade Schmetterlingsfinken errichten ihr Brutnest häufig in der Nähe von Wildbienen – oder Wespennestern. Die Vorteile einer solch wehrhaften Nachbarschaft bedürfen wohl keiner weiteren Erläuterungen!

Ähnliche Arten: Das östliche Afrika ist die Heimat von zwei weiteren Schmetterlingsfinkenarten. Der männliche Angola-Schmetterlingsfink (*Uraeginthus angolensis*) unterscheidet sich von seinem Verwandten durch das Fehlen des roten Ohrflecks. Die Weibchen beider Arten sind nur schwer auseinander zu halten. Beim Blaukopf-Schmetterlingsfink (*Uraeginthus cyanocephalus*) aus den Trockensavannen Äthiopiens bis Tansanias sind auch Stirn, Scheitel und Nacken blau gefärbt.

Goldbrüstchen *(Sporaeginthus subflavus)*

Kennzeichen: Länge 9 cm. Schnabel rot mit schwarzem Längsstreifen, Beine fleischfarben. Roter Überaugenstreifen vom Schnabel bis in den Nacken. Bürzel und Oberschwanzdecken ebenfalls rot, die übrige Oberseite dunkel graugrün. Unterseite goldgelb und je nach Unterart bisweilen mit leuchtend orangeroten Federn durchsetzt. Dem Weibchen fehlt der rote Überaugenstreifen, die Orangefärbung ist auf Bürzel und Oberschwanzdecken beschränkt.
Verbreitung und Lebensraum: Afrika südlich der Sahara mit Ausnahme der west- und zentralafrikanischen Urwaldgebiete. Goldbrüstchen bewohnen gerne etwas feuchtere Gebiete. Man findet sie deshalb oft im Papyrus- oder Schilfgürtel stehender Gewässer, in Reisfeldern und im feuchten Grasland.
Unterbringung, Ernährung und Zucht: Trotz ihrer Kleinheit gehören Goldbrüstchen zu den widerstandsfähigsten afrikanischen Prachtfinken. Sie lassen sich ebenso gut im Käfig wie in der Gemeinschaftsvoliere mit anderen Prachtfinken halten. Kleinere Hirsesorten, Keimfutter, viel Grünes und etwas Lebendfutter reichen zur artgerechten Ernährung aus. Ein gut harmonierendes Paar wird mit diesen Futtermitteln auch problemlos seine Jungen aufziehen.
Empfehlung: Für Anfänger bedingt geeignet.
Besonderheiten: Goldbrüstchen gehören zu den Prachtfinkenarten, die nur selten ein eigenes Brutnest errichten, sondern verlassene Nester anderer Vögel ihren Ansprüchen gemäß ausbauen. In der Voliere werden deshalb geflochtene Peddigrohrkörbchen besonders gerne angenommen.

Tigerfink *(Amandava amandava)*

Kennzeichen: Länge 9,5 cm. Schnabel mit schwarzem Längsstreifen, Beine rötlich braun. Überaugenstreifen, Kopfseiten, Kehle, Brust, Bürzelregion und Oberschwanzdecken rot. Bauch und Schwanz schwarz, Oberseite gräulich bis rötlich braun. Viele weiße Punkte sind fast über das gesamte Gefieder verteilt. Bei Weibchen und Männchen im Ruhekleid ist die Rotfärbung auf Bürzel und Oberschwanzdecken beschränkt.

Verbreitung und Lebensraum: Indien und weite Teile Südostasiens. Der Tigerfink bewohnt feuchtes Grasland, Schilfgebiete, Reisfelder, aber auch kleinere Gebüsche an Wegrändern und Gärten.
Unterbringung, Ernährung und Zucht: Tigerfinken sind gut im Flugkäfig und in der Voliere zu halten. Sie halten sich häufig auf dem Boden auf, deshalb sollte man auf vegetationsfreie Flächen achten! An ihre Ernährung stellen Tigerfinken ähnliche Ansprüche wie Goldbrüstchen: Sie sind mit einem weniger umfangreichen Angebot an tierischer Kost zufrieden als viele afrikanische Prachtfinkenarten. In der Gemeinschaftsvoliere verhalten sich auch brutlustige Tigerfinken friedlich.
Empfehlung: Für Anfänger gut geeignet.
Besonderheiten: Als einzige Prachtfinkenart legen sich männliche Tigerfinken zur Fortpflanzungszeit ein besonderes Brutkleid zu.
Ähnliche Arten: Der 11 cm lange Olivgrüne Astrild (*Stictospiza formosa*) aus Indien sieht zwar äußerlich ziemlich verschieden aus, stellt aber ganz ähnliche Ansprüche an Haltung und Ernährung wie der Tigerfink.

Diamantfink *(Stagonopleura guttata)*

Kennzeichen: Länge 12 cm. Schnabel rot, Beine rötlich grau. Kopf hellgrau mit schwarzem Zügel, Oberseite braun gefärbt mit leuchtend rotem Bürzelgefieder. Unterseite weiß mit breitem, schwarzem Brustband, Flanken ebenfalls schwarz mit großen weißen Tupfen. Männchen und Weibchen sind identisch gefärbt.
Verbreitung und Lebensraum: Südliches und südöstliches Australien. Diamantfinken bewohnen lichte Trockenwälder mit höherem Baumbestand, in der Nähe von offenen Wasserstellen.
Unterbringung, Ernährung und Zucht: Bei reiner Käfighaltung neigen viele Diamantfinken zur Trägheit und werden leicht fett. Besser ist eine Haltung in der Voliere, wobei brutlustige Paare manchmal recht unduldsam gegenüber ihren Mitbewohnern sein können. Außerhalb der Brutzeit sind sie in ihrer Ernährung anspruchslos, benötigen aber zur Jungenaufzucht viel tierische Kost.

Empfehlung: Für Anfänger gut geeignet.
Besonderheiten: Diamantfinken errichten die umfangreichsten Brutnester aller Prachtfinkenarten. Es müssen deshalb ausreichend Nistmaterial und eine Auswahl an größeren Nistkästen zur Verfügung stehen.

Binsenastrild *(Bathilda ruficauda)*

Kennzeichen: Länge 12 cm. Schnabel rot, Beine orangegelb. Kopfmaske rot, Oberseite, Kehle und Brust graugrün, die restliche Unterseite gelblich. Oberschwanzdecken weinrot mit heller Querbänderung. Auf den Kopfseiten bis zur Brust und zu den Flanken befinden sich viele unterschiedlich große, weiße Punkte. Weibchen wie Männchen gefärbt, aber mit kleinerer, roter Kopfmaske.
Verbreitung und Lebensraum: Nördliches Australien. Binsenastrilde besiedeln größere Schilfbestände, feuchtes Grasland mit einzelnen Büschen und Bäumen, Reisfelder und Zuckerrohrplantagen.
Unterbringung, Ernährung und Zucht: Sie sind für eine Haltung im Flugkäfig und in der Voliere bestens geeignet. Ihr friedfertiges, ruhiges Wesen und die geringen Ansprüche an ihre Ernährung machen sie zu sehr empfehlenswerten Pfleglingen. Lediglich zur Jungenaufzucht müssen Mehlwürmer und anderes Lebendfutter angeboten werden.
Empfehlung: Für Anfänger gut geeignet.
Besonderheiten: Als Gras und Schilf bewohnende Prachtfinken verfügen Binsenastrilde über ein starkes Krallenwachstum. Die natürliche Abnutzung reicht meistens nicht aus. Eine regelmäßige Kontrolle und gegebenenfalls ein Kürzen der Krallen mit einer Nagelschere sind deshalb bei dieser Art wichtig.

Ringelastrild *(Stizoptera bichenovii)*

Kennzeichen: Länge 10,5 cm. Schnabel hell blaugrau, Beine dunkelgrau. Kopfseiten und gesamte Unterseite weiß, zum Bauch und zu den Unterschwanzdecken hin gelblich getönt. Stirn schwarz, ebenso ein Band, das sich kreisförmig vom Oberschnabel um die weißen Kopfseiten herum bis zur Kehle zieht. Ein weiteres schwarzes Band verläuft quer über die Brust. Oberseite bis auf die weiße Bürzelregion grau-

braun mit feiner dunkler Querwellung. Flügel und Schwanz schwarz, erstere mit vielen rechteckigen, weißen Flecken. Beide Geschlechter sind identisch gefärbt.
Verbreitung und Lebensraum: Nord und Ostaustralien. Sie bewohnen busch- und baumbestandenes Grasland, Feldgehölze und Gärten.
Unterbringung, Ernährung und Zucht: Auch Ringelastrilde sind gut im Käfig zu halten. In der Voliere zeigen sie sich gegenüber allen Mitbewohnern gut verträglich und können auch zu mehreren Paaren gehalten werden. Etwas empfindlich reagieren sie auf größere Temperaturschwankungen. Von der Ernährung her stellen Ringelastrilde keine höheren Ansprüche wie ihr nächster Verwandter, der Zebrafink. Die Jungen werden mit tierischem Zusatzfutter auf der Basis von Eifutter und Mehlwürmern groß gezogen.
Empfehlung: Für Anfänger bedingt geeignet.
Besonderheiten: Wie viele australische Prachtfinken, ziehen auch Ringelastrilde – wenn sie sich zur Fortpflanzung entschlossen haben – eine Brut nach der anderen groß. Um Ihre Zuchtvögel nicht zu sehr zu schwächen, sollten Sie ihnen höchstens drei Bruten hintereinander gestatten.

Spitzschwanzamadine *(Poephila acuticauda)*

Kennzeichen: Länge bis 17 cm, die beiden verlängerten, mittleren Schwanzfedern mitgerechnet. Schnabel und Beine je nach Unterart rot oder gelb. Zügel, großer Kehllatz und ein breites Band vom Bürzel

zu den Körperseiten hin schwarz. Kopf hell pastellgrau, das restliche Gefieder ist zart braun oder graubraun gefärbt. Männchen und Weibchen unterscheiden sich nicht in der Färbung.
Verbreitung und Lebensraum: Nord- und Nordostaustralien. Sie bewohnen Baumsavannen und trockene Eukalyptuswälder.
Unterbringung, Ernährung und Zucht: Haltung und Nachzucht sind auch sehr gut in einem größeren Flugkäfig möglich. Bei Volierenhaltung ist zu beachten, dass brutlustige Spitzschwanzamadinen gegen ihresgleichen aggressiv werden können. Außerhalb der Brutzeit können Sie Ihre Vögel gut mit einer Körnermischung, viel Grünfutter und etwas Eifutter ernähren. Zur Jungenaufzucht sollten Sie aber doch wenigstens einige Mehlwürmer pro Tag anbieten.
Empfehlung: Für Anfänger gut geeignet.
Besonderheiten: Wie alle Prachtfinken aus den Trockengebieten Australiens beherrschen Spitzschwanzamadinen die Technik des Saugtrinkens. Die benötigte Wassermenge wird dabei in einem Zug aufgenommen, ohne dass der trinkende Vogel zwischendurch nach Hühnerart den Kopf heben muss.
Ähnliche Arten: Nahe Verwandte der Spitzschwanzamadine sind der Gürtelgrasfink oder richtiger die Gürtelamadine (*Poephila cincta*) und die Maskenamadine (*Poephila personata*). Während die erstgenannte Art in Käfig und Voliere genau so problemlos zu halten und zu züchten ist, stellen Maskenamadinen etwas höhere Ansprüche an ihren Pfleger.

Dreifarbige Papageiamadine *(Amblynura trichroa)*

Kennzeichen: Länge 12 cm. Schnabel schwarz, Beine fleischfarben. Kopfmaske blau, Bürzelregion, Oberschwanzdecken und Schwanzfedern rot, restliches Gefieder grün. Männchen und Weibchen sind gleich gefärbt.
Verbreitung und Lebensweise: Molukkeninseln, Celebes, Neuguinea, Nordaustralien und einige kleinere Pazifikinseln. Dreifarbige Papageiamadinen trifft man vor allem an Waldrändern, auf Lichtungen, in Plantagen und in größeren Gärten und Parks an.
Unterbringung, Ernährung und Zucht: Dreifarbige Papageiamadinen sind, wie alle ihre Verwandten, extrem lebhafte Vögel, die nur in einer größeren und dicht bepflanzten Voliere gut untergebracht sind. Unter solchen Bedingungen sollte auch die Nachzucht ohne Schwie-

rigkeiten gelingen. Fütterungstechnisch unterscheiden sich Dreifarbige Papageiamadinen nicht wesentlich von den meisten anderen australischen Prachtfinkenarten. Ein immer gerne genommenes Futter, auch zur Jungenaufzucht, sind die halbreifen Samenstände verschiedener Rispengräser und Hirsesorten.
Empfehlung: Für Anfänger bedingt geeignet.
Besonderheiten: Auch wenn sie noch nicht ganz zu einem richtigen Haustier geworden ist, steht die Dreifarbige Papageiamadine, wie auch andere australische Prachtfinken, gewissermaßen an der Schwelle zur Domestikation. Auf Vogelausstellungen sind inzwischen eine ganze Reihe von unterschiedlichen Farbvarianten zu sehen.
Ähnliche Arten: Praktisch identische Haltungs- und Ernährungsansprüche stellt die attraktive Rotköpfige Papageiamadine (*Amblynura psittacea*) von der Pazifikinsel Neukaledonien (siehe Foto Seite 63).

Gouldamadine *(Chloebia gouldiae)* 7-8 Jahre

Kennzeichen: Länge 14 cm inklusive der beiden verlängerten, mittleren Schwanzfedern. Schnabel hell hornfarben mit rötlicher Spitze, Beine fleischfarben. Kopfmaske schwarz, leuchtend rot oder orangegelb mit schwarzer Kinnpartie. Brust lila, restliche Unterseite gelb. Um die Kopfmaske herum und über die Kehlregion zieht sich ein hellblaues Band. Hellblau sind auch der Bürzel und die Oberschwanzdecken, die übrige Oberseite ist grün. Das Weibchen gleicht dem Männchen, das lila Brustgefieder und die gelbe Unterseite sind aber blasser.

Verbreitung und Lebensraum: Nordaustralien. Gouldamadinen bewohnen bevorzugt lichte Eukalyptusbestände an Wasserstellen.
Unterbringung, Ernährung und Zucht: Früher als echte Problemvögel verrufen, können Gouldamadinen heute auch von weniger erfahrenen Liebhabern im Flugkäfig und in der Voliere gehalten werden. Sind etwas mehr Platz und Nistmöglichkeiten vorhanden, ist eine Haltung und Zucht im Schwarm nicht nur möglich, sondern sogar zu empfehlen. In puncto Wärmebedürfnis sind hier gezüchtete Gouldamadinen mit ihren frei lebenden Artgenossen nicht mehr zu vergleichen. Neben einer üblichen Hirsemischung, die überwiegend gekeimt gereicht werden sollte, viel Kolbenhirse und Grünfutter, benötigen Gouldamadinen lediglich Eifutter und vielleicht einige Mehlwürmer zur Aufzucht ihrer Jungen.
Empfehlung: Für Anfänger bedingt geeignet.
Besonderheiten: Gouldamadinen sind wohl die buntesten Prachtfinken überhaupt. Selbst in der Natur kommen sie in den drei Farbvarianten schwarzköpfig, rotköpfig und orange- oder gelbköpfig vor. Daneben haben gezielte züchterische Bemühungen eine schier unüberschaubare Vielfalt an Farbschlägen hervorgebracht.

Schwarzbauchnonne *(Munia malacca)*

Kennzeichen: Länge 12 cm. Schnabel hell pastellgrau, Beine dunkelgrau. Kopf und Vorderbrust, Bauch und Unterschwanzdecken schwarz. Restliches Gefieder kastanienbraun. Eine Unterart, die so genannte Dreifarbennonne (*Munia malacca malacca*) besitzt eine weiße Unterbrust und weiße Flanken.
Verbreitung und Lebensraum: Indien bis China und indonesische Inseln. Schwarzbauchnonnen bewohnen fast ausschließlich Bambusdickichte, Schilf und Hochgrasbestände und Reisfelder.
Unterbringung, Ernährung und Zucht: Paarweise im Flugkäfig gehalten wirken Schwarzbauchnonnen etwas langweilig und träge. Ihren ganzen Charme entfalten sie erst bei einer Haltung im Schwarm in einer mit Bambus, Schilf und ähnlichen Pflanzen ausgestatteten Voliere. Nur unter diesen Voraussetzungen ist auch an Nachzucht zu denken, die, im Gegensatz zur unkomplizierten Haltung der Art, nur selten gelingt. Schwarzbauchnonnen und verwandte Arten sind fast reine Vegetarier. Tierische Kost wird selbst zur Brutzeit meist nicht beachtet.
Empfehlung: Für Anfänger gut geeignet.
Besonderheiten: Wenn Sie Ihre Schwarzbauchnonnen singen sehen, aber nichts hören, ist das kein Grund zur Beunruhigung. Mit Ihrem Gehör ist trotzdem alles in bester Ordnung. Ein Großteil der Strophen der Nonnen liegt im für uns Menschen nicht wahrnehmbaren Ultraschallbereich!
Ähnliche Arten: Eine weitere häufig angebotene Art aus der großen Gruppe der Nonnenverwandtschaft ist die auch sehr empfehlenswerte Weißkopfnonne (*Munia maja*) aus Malaysia, Sumatra, Java und Bali.

Muskatfink *(Lonchura pustulata)*

Kennzeichen: Länge 12 cm: Schnabel schwarz oder bleigrau, Beine dunkelgrau. Kopf, Kinn, Kehle und die gesamte Oberseite dunkel kastanienbraun, jede einzelne Feder besitzt aber einen hellen Schaftstrich. Unterseite weißlich, zumindest die Federn an Brust und Flanken besitzen dunkelbraune Säume, so dass insgesamt der Eindruck einer Schuppenzeichnung entsteht. Männchen und Weibchen unter-

scheiden sich nicht in der Färbung und Zeichnung des Gefieders.
Verbreitung und Lebensraum: Süd- und Südostasien bis zu den Philippinen. Als sehr anpassungsfähige Art sind Muskatfinken in allen Arten von Lebensräumen, ja selbst in größeren Städten anzutreffen.
Unterbringung, Ernährung und Zucht: Ähnlich wie Nonnen sollten Muskatfinken stets im Schwarm in einer Voliere gehalten werden. Auch gegenüber artfremden Mitbewohnern sind sie friedlich. Die Zucht gelingt am ehesten, wenn die Vögel ihren Partner im Schwarm frei wählen können. Muskatfinken benötigen selbst zur Jungenaufzucht nur wenig tierisches Eiweiß.
Empfehlung: Für Anfänger gut geeignet.
Besonderheiten: Eine besondere Verhaltensweise des Muskatfinken, deren Funktion noch nicht eindeutig geklärt ist, ist das so genannte „Singen mit Zuhörer(n)". Neben einem singenden Männchen finden sich oft ein oder mehrere Artgenossen ein, die sich zu dem Sänger hinüber beugen und scheinbar hingebungsvoll zuhören.

Spitzschwanz-Bronzemännchen *(Lonchura striata)*

Kennzeichen: Länge 12 cm. Oberschnabel schwarz, Unterschnabel hellgrau, Beine dunkelgrau. Gesicht und Kehle schwarzbraun, Oberseite und Brust dunkelbraun, bei manchen Unterarten mit heller Schaftstrichelung. Bürzelregion und Bauch weißlich, oft mit dunkler Schuppenzeichnung. Männchen und Weibchen sind identisch gefärbt.
Verbreitung und Lebensraum: Indien bis Südchina, Malaysia und

Sumatra. Hinsichtlich ihres Lebensraumes sind Spitzschwanz-Bronzemännchen flexibel und besiedeln Waldränder, Feldgehölze, Reisfelder und sogar Gärten inmitten menschlicher Siedlungen.
Unterbringung, Ernährung und Zucht: Im Gegensatz zu ihren oben vorgestellten Verwandten können Spitzschwanz-Bronzemännchen durchaus paarweise im Flugkäfig gehalten und gezüchtet werden. Ihr Speiseplan sollte stets viele gekeimte Sämereien und Grünfutter beinhalten. Mit diesem Futterangebot und etwas Eifutter ziehen die Vögel zumeist ohne Probleme ihre Jungen groß.
Empfehlung: Für Anfänger gut geeignet.
Besonderheiten: Aus dem Spitzschwanz-Bronzemännchen ist, teilweise unter Einkreuzung nahe verwandter Arten, das domestizierte Japanische Mövchen herausgezüchtet worden.

Kleinelsterchen *(Spermestes cucullatus)*

Kennzeichen: Länge 9 cm. Oberschnabel schwarz, Unterschnabel hell pastellgrau, Beine dunkelgrau. Kopf, Kinn, Kehle und Vorderbrust schwarz mit metallischem Glanz. Oberseite graubraun, mit Ausnahme des weißen, dunkel quergebänderten Bürzels. Unterseite weiß mit dunkler Zeichnung auf den Flanken und Unterschwanzdecken. Besonderes Merkmal ist ein metallisch grün schillernder Schulterfleck. Männchen und Weibchen sind völlig identisch gefärbt.
Verbreitung und Lebensraum: Afrika südlich der Sahara. Sie sind sehr anpassungsfähig und bewohnen viele Lebensräume wie Savannen, Waldränder, Lichtungen, Flussufer, Plantagen und Gärten.
Unterbringung, Ernährung und Zucht: Kleinelsterchen sind einfach zu halten. Als Unterbringung eignen sich ein Flugkäfig oder eine Voliere. Die Verträglichkeit gegenüber Mitbewohnern wird sehr unterschiedlich beurteilt. Während manche Paare problemlos mit Artgenossen auskommen, entpuppen sich einige Individuen zur Brutzeit als wahre „Giftzwerge", die aus der Volierengemeinschaft entfernt werden müssen. Genaue Beobachtung ist auf jeden Fall ratsam. Kleinelsterchen benötigen zur Aufzucht ihrer Jungen mehr tierisches Eiweiß als Nonnen und Bronzemännchen.
Empfehlung: Für Anfänger gut geeignet.
Besonderheiten: Bei Auseinandersetzungen mit Artgenossen spreizen Kleinelsterchen den Flügel auf der vom Gegner abgewandten Körperseite nach oben ab.

Ähnliche Arten: Etwa gleich groß und gleich streitlustig sind die verschiedenen Unterarten des Glanzelsterchens (*Spermestes bicolor*). Am friedfertigsten scheint ausgerechnet der mit etwa 12 cm Länge größte Vertreter, das Riesenelsterchen (*Spermestes fringilloides*), zu sein.

Silberschnäbelchen *(Euodice cantans)*

Kennzeichen: Länge 11 cm. Schnabel silbrig grau, Beine gräulich fleischfarben. Kopf, Kehle und Nacken rostgelb, Flügel und Rücken mittelbraun, Bürzel, Oberschwanzdecken und Schwanz schwarzbraun. Unterseite gelbbraun bis weiß. Auffällig ist ein weißlichblauer Lidrand ums Auge. Männchen und Weibchen sind farblich gleich.
Verbreitung und Lebensraum: Von Senegal bis Äthiopien und Eritrea, südlich bis Tansania. Als Lebensraum bevorzugen Silberschnäbelchen Busch- und Baumsavannen, Kulturland und Gärten.
Unterbringung, Ernährung und Zucht: Silberschnäbelchen sind nicht gerade sehr farbenprächtig, machen dies durch ihr angenehmes Wesen aber mehr als wett. Sie können entweder paarweise im Flugkäfig, oder auch im Schwarm in einer Gemeinschaftsvoliere gehalten und gezüchtet werden. Außerhalb der Brutzeit ernähren sich Silberschnäbelchen fast rein vegetarisch. Ein gutes Hirsegemisch, Kolbenhirse, Keimfutter und viel frisches Grün sind eine ausreichende Ernährungsgrundlage. Selbst zur Brutzeit verschmähen viele Paare jegliche tierische Kost. Etwas Eifutter und ein paar Mehlwürmer soll-

ten Sie zur Jungenaufzucht aber wenigstens versuchsweise anbieten.
Empfehlung: Für Anfänger gut geeignet.
Besonderheiten: Zusammen mit dem Malabarfasänchen (*Euodice malabarica*) bildet das Silberschnäbelchen ein so genanntes Zwillingsartenpaar. Zwillingsarten haben sich im Verlauf ihrer stammesgeschichtlichen Entwicklung erst vor relativ kurzer Zeit getrennt und in verschiedene Richtungen entwickelt. Sie hatten gewissermaßen „noch keine Zeit", Unterschiede in Aussehen und Verhalten zu entwickeln. Deswegen gleichen sie einander wie „ein Ei dem anderen".
Ähnliche Arten: Das bereits erwähnte Malabarfasänchen unterscheidet sich vom Silberschnäbelchen nur durch sein weißes Bürzelgefieder. Seine Heimat sind Indien, Pakistan und Sri Lanka.

Verzeichnisse

Adressen

Vereinigung für Artenschutz, Vogelhaltung und Vogelzucht (AZ) e. V.
Geschäftsstelle: Helmut Uebele
Postfach 1168
D-71501 Backnang
Tel. +49-(0)7191-82439
Fax +49-(0)7191-85957

Deutscher Kanarien- und Vogelzüchter-Bund e. V.
Geschäftsstelle: Werner Kneule
Alfredstr. 66
D-72250 Freudenstadt
Tel. +49-(0)7441-905307
Fax +49-(0)7441-51178

Vereinigung „Ziergeflügel- und Exotenzüchter e. V."
Geschäftsstelle: Anita Wöhrmann
Spreeaue 14
D-03130 Spremberg/L.
Tel. +49-(0)3563-96550

Gesellschaft für Tropenornithologie (GTO)
Sekretariat: Robert Pfeifer
Dilchertsr. 8
D-95444 Bayreuth
Tel. +49-(0)921-515278
Fax +49-(0)921-5166855

Estrilda
Kontakt: Heinz A. Pajain
Gustav-Mahler-Str. 89
D-40724 Hilden
Tel. +49-(0)2103-47219

Exotis –
Schweizerischer Verband für Zucht und Pflege exotischer Vögel
Geschäftsstelle: Bruno Steffen
Dorfstrasse
CH-3364 Seeberg
Tel. +41-(0)63-681201

Zeitschriften

Gefiederte Welt
Verlag Eugen Ulmer & Co.
Postfach 700561
D-70574 Stuttgart
Tel. +49-(0)711-45070
Fax +49-(0)711-4507120

Die Voliere
Verlag M. & H. Schaper GmbH & Co. KG
Postfach 1642
D-31046 Alfeld/Leine
Tel. +49-(0)5181-80090
Fax +49-(0)5181-800933

AZ Nachrichten
Vereinigung für Artenschutz, Vogelhaltung und Vogelzucht (AZ) e. V.
Postfach 1168
D-71501 Backnang
Tel. +49-(0)7191-82439
Fax +49-(0)7191-85957

Der Vogelfreund
Hanke Verlag
Amrichshäuser Str. 28/1
D-74653 Künzelsau
Tel- +49-(0)7940-544454
Fax +49-(0)7940-544440

Die Geflügelbörse
Verlag Jürgens GmbH
Postfach 1538
D-82102 Germering
Tel. +49-(0)89-846010

Ziergeflügel und Exoten
Vereinigung „Ziergeflügel- und Exotenzüchter e. V."
Spreeaue 14
D-03130 Spremberg/l.
Tel. +49-(0)3563-96550

Gefiederter Freund
Exotis – Schweizerischer Verband für Zucht und Pflege exotischer Vögel
Dorfstrasse
CH-3364 Seeberg
Tel. +41-(0)63-681201

Aktuelles aus der Vogelwelt
Verlag Wilhelm Geistlinger
Postfach 14
A-5421 Adnet

Literatur

ASCHENBORN, C. (1951): Die Prachtfinken. Albrecht Philler Verlag, Minden.
BIELFELD, H. (1985): Gouldamadinen. Verlag Eugen Ulmer, Stuttgart.
BIELFELD, H. (1988): Beliebte Prachtfinken. Verlag Eugen Ulmer, Stuttgart.
BIELFELD, H. (1996): Das Prachtfinkenbuch – Sämtliche Arten, ihre Haltung, Pflege und Zucht. Verlag Eugen Ulmer, Stuttgart.
CLEMENT, P., A. HARRIS & J. DAVIS (1993): Finches and Sparrows. Christopher Helm Publishers, A. & C. Black, London.
GOODWIN, D. (1982): Estrildid Finches of the World. London, Oxford University Press, Oxford.
IMMELMANN, K. 1960): Im unbekannten Australien, dem Lande der Papageien und Prachtfinken. Verlag Jacob Helène, Pfungstadt.
IMMELMANN, K. (1968): Der Zebrafink. A. Ziemsen Verlag, Wittenberg Lutherstadt.
IMMELMANN, K. (1982): Australian Finches. Angus & Robertson Publishers, London, Sydney, Melbourne.
IMMELMANN, K., J. STEINBACHER UND H. E. WOLTERS (1965): Vögel in Käfig und Voliere. Prachtfinken, Erster Band: Astrilde. Verlag Hans Limberg, Aachen.
IMMELMANN, K., J. STEINBACHER UND H. E. WOLTERS (1977): Vögel in Käfig und Voliere. Prachtfinken, Zweiter Band: Amadinen. Verlag Hans Limberg, Aachen.
JÖDICKE, R. (1984): Prachtfinkenzüchtung. Verlag Eugen Ulmer, Stuttgart.
KLÖREN, H. (1983): Zebrafinken. Horst Müller Verlag Walsrode, Walsrode.
KOEPFF, C. (1994): Prachtfinken richtig pflegen und verstehen. Verlag Gräfe und Unzer, München.
MARTIN, H. J. (1984): Zebrafinken. Verlag Gräfe und Unzer, München.
NICOLAI, J., STEINBACHER, J.; HRSG. (2001): Prachtfinken. Australien, Ozeanien, Südostasien. Verlag Eugen Ulmer, Stuttgart.
OPPENBORN, G. (1992): Japanische Mövchen. Verlag Eugen Ulmer, Stuttgart.
ROBILLER, F. (1978): Prachtfinken. Verlag J. Neumann-Neudamm, Melsungen.
ROGERS, C. H. (1986): The World of Zebra Finches. Nimrod Press, Liss.
SCHLEUSSNER, G. (1996): Bemerkenswerte Vogelzwerge von drei Kontinenten – Die Prachtfinken. Eigenverlag Wilhelma, Zoologisch-Botanischer Garten, Stuttgart.
WOLTERS, H. E. (1982): Die Vogelarten der Erde. Verlag Paul Parey, Hamburg, Berlin.

Bildquellen

BIELFELD, Horst, Jameln: Seite 75.
HOFMANN, Gerhard & METTKE-HOFMANN, Claudia, Starnberg: Titelfoto, Seite 4, 7, 8, 9 links oben, 10, 15, 19, 23, 44, 46 oben, 49, 51, 52 (2), 53, 63, 69, 70 (2), 71 (2), 72, 73, 74 (2), 76, 77, 78 oben, 79, 82, 83, 85, 87, 88.
KUHN, Regina, Stuttgart: Umschlagrückseite, Seite 1 und Kolumnentitel, Seite 27, 40, 43, 46 unten, 55, 65, 91.
LIETZOW, Eckhard, Enger: Seite 32.
MAYER, Horst, Walldorf: Seite 67, 78 unten, 80, 81, 84, 86.
OPPENBORN, Günter, Gehrden: Seite 17, 66.
SCHLEUSSNER, Günther, Langenburg: Seite 9 (2) rechts und links unten, 14, 30.

Sämtliche Zeichnungen fertigte Christiane Gottschlich, Berlin, nach Vorlagen des Verfassers und aus der Literatur.

Register

Impressum

Die Deutsche Bibliothek –
CIP-Einheitsaufnahme

Ein Titeldatensatz für diese Publikation ist bei Der Deutschen Bibliothek erhältlich

ISBN 3-8001-3567-1

Printed in Germany
Lektorat: Dr. Eva-Maria Götz, Claudia Ade
Herstellung & DTP: Silke Reuter
Druck und Bindung: aprinta Druck, Wemding

Wenn Sie mehr wissen wollen...

Das Prachtfinken Buch geht **ausführlich** auf das Leben der Prachtfinken in der Natur, auf ihre artgerechte Haltung und Pflege, die richtige Ernährung, auf Details der Zucht und die Behandlung der Krankheiten ein. Es bietet **über 180 Farbabbildungen** der einzelnen Arten und Unterarten sowie eine insgesamt ebenso **große Anzahl von Verbreitungskarten und Rachenzeichnungen**.

Das Prachtfinken-Buch. Sämtliche Arten, ihre Haltung, Pflege und Zucht. H. Bielfeld. 5. Auflage 1996. 368 Seiten, 167 Farbfotos, 5 schwarzweiß-Fotos, 30 Farbaquarelle, 23 farbige Verbreitungskarten, 88 sw-Verbreitungskarten, 92 Rachenzeichnungen.
ISBN 3-8001-7327-1.

Mehr und mehr Vogelfreunde möchten die farbenprächtigen, geselligen und lebhaften Prachtfinken näher kennenlernen und pflegen. In diesem Buch werden **mehr als vierzig Arten in Wort und Bild** vorgestellt und ihre Haltung und Zucht ausführlich beschrieben.

Aus dem Inhalt:

- ✗ Prachtfinken in der Natur: Ihre Heimat in Afrika, Asien und Australien.
- ✗ Hinweise und Tipps zur Haltung: Käfig und Voliere. Was an Zubehör nötig ist. Ein Pflegeplan.
- ✗ Beliebte Arten in Kurzbeschreibungen.

Beliebte Prachtfinken. H. Bielfeld. 2. Auflage 1996. 126 Seiten, 57 Farbfotos, 36 Zeichnungen.
ISBN 3-8001-6854-5.

Einheimische Vögel haben gegenüber Exoten den Vorteil, dass sie unserem Klima entstammen und in Volieren im Freien direkt am Haus gehalten werden können. Dieses Buch stellt **sehr detailliert und praxisbezogen** dar, wie einheimische Vögel untergebracht und gepflegt werden und portraitiert die Vogelarten, die sich besonders gut dazu eignen. Es bietet damit dem Anfänger **Entscheidungshilfen** und Einstieg in die Vogelhaltung und dem fortgeschrittenen Vogelhalter **nützliche zusätzliche Informationen** aus der eigenen langjährigen Erfahrung des Autors.

Einheimische Sindvögel halten und züchten. T. Wendt. 2002. 96 Seiten, 50 Fotos, 20 Zeichn.
ISBN 3-8001-3298-2.

So macht Vogelhaltung Freude.

Ziel dieses Buches ist es, dem Vogelhalter fundierte Grundlagenkenntnisse zu vermitteln, um die Vogelernährung zu verbessern. In diesem Bemühen kann selbstverständlich nicht auf die jeweils spezifischen Bedarfsansprüche der verschiedenen Vogelarten eingegangen werden. Jedoch soll der Vogelpfleger in die Lage versetzt werden, besser als zuvor biologische Gesetzmäßigkeiten und Zusammenhänge zu verstehen, um daraus praktische Maßnahmen für die tägliche Fütterung des Vogels ableiten zu können.

Die Ernährung des Vogels.
Grundlagen und Praxis.
W. Aeckerlein. 2. Aufl. 1993.
132 Seiten, 2 Tabellen,
17 Abbildungen.
ISBN 3-8001-7277-1.

In diesem Buch werden erstmals die Naturheilverfahren der Akupunktur, Akupressur, Homöopathie, Bach-Blüten- und Farbtherapie sowie das Kinesiologische Testverfahren – allein auf Vögel bezogen – eingehend vorgestellt. Die Zielsetzung des Buches ist es, dem Vogelhalter neue Einblicke in die Gesundheitsvorsorge aufzuzeigen, bisher unbekannte Erste-Hilfe-Maßnahmen anzubieten und die Behandlungsmöglichkeiten des konventionellen Therapeuten zu erweitern.

Vögel. Akupunktur, Homöopathie, Bach-Blütentherapie, Kinesiologie.
M. Wagner, R. Sonnenschmidt.
1996. 158 Seiten, 36 Farbfot.,
53 sw-Abbildungen, 6 Tab.
ISBN 3-8001-7332-8.

Was muß man tun, wenn der Wellensittich, der Papagei oder die Zebrafinken krank sind? Das Buch vermittelt allen Ziervogelhaltern das nötige Basiswissen zur Erkennung und Einschätzung der häufigsten Krankheiten. Die wichtigsten werden besprochen und in Farbfotos gezeigt, um das Erkennen der Symptome zu erleichtern. Ein Kapitel über Erste Hilfe gibt Tipps für die richtige Behandlung von Vögeln in Notfallsituationen. Eine Checkliste für den Tierarztbesuch sorgt dafür, dass man dort die wichtigsten Fakten parat hat.

Ziervogelkrankheiten.
D. Quinten. 1998.
127 Seiten, 65 Farbfotos,
17 Zeichnungen.
ISBN 3-8001-7379-4.

Prachtfinken.

Dieser Band behandelt die Prachtfinken Australiens, Ozeaniens und Südostasiens sowie die Elsterchen und Silberschnäbel Afrikas. Die behandelten Prachtfinkenarten sowie ihre Lebensräume in der Natur werden in einer sehr großen Zahl von Farbfotos dargestellt; daneben befinden sich im Text detaillierte Verbreitungskarten, die das Vorkommen der jeweiligen Art in ihrer Heimat umfassend dokumentieren.

Prachtfinken. Australien, Ozeanien, Südostasien.
(Handbuch der Vogelpflege)
J. Nicolai, J. Steinbacher.
3., neugestaltete Auflage 2001.
403 Seiten,
199 Farbfotos,
43 Verbreitungskarten.
ISBN 3-8001-3249-4.

In der beliebten Familie der Prachtfinken nehmen die Gouldamadinen durch ihr ansprechendes Äußeres eine besondere Stellung ein. Der Autor vermittelt alles Wissenswerte zu ihrer Pflege. Er geht auf die Besonderheiten der Ernährung ebenso wie auf Krankheiten und ihre Behandlung ein. Für den Züchter sind die neu hinzugekommenen, umfangreichen Kreuzungstabellen von besonderem Wert, da sie ihm helfen, die Übersicht bei der Verpaarung von Tieren verschiedener Farbschläge zu behalten.

Gouldamadinen. Haltung, Zucht und Farbspielarten.
H. Bielfeld. 2. Auflage 1997.
134 Seiten, 28 Farbfotos,
17 Zeichnungen.
ISBN 3-8001-7364-6.

Prachtfinken zählen mit ihrem leuchtend gefärbten Gefieder, ihrem angenehmen, nicht zu lauten Gesang und durch ihre Lebhaftigkeit seit jeher zu den besonders beliebten Heimtieren. Hinzu kommt, dass nahezu alle Arten artgerecht und leicht für denjenigen zu halten sind, der über ihre Bedürfnisse – Unterbringung, Pflege und Ernährung – genauer Bescheid weiß. Darüber hinaus informiert die Autorin grundlegend und anschaulich und stellt dazu eine Auswahl von Arten vor, die in menschlicher Obhut gezüchtet werden und darum im Handel erhältlich sind.

Prachtfinken. B. Gollmann.
2. Aufl. 2001. 48 Seiten,
49 Farbfotos, 26 Zeichnungen.
ISBN 3-8001-3562-0.